DANGERS

DE LA

SITUATION ACTUELLE

DE LA FRANCE.

AUX

Hommes sincères de tous les partis.

PAR A. MAURIZE.

« Le tort de la science est de s'être engagée
» dans les controverses administratives qui ne
» servent qu'à exciter des troubles. »

CH. FOURIER.

PARIS.

IMPRIMERIE D'ÉVERAT, RUE DU CADRAN, N° 16.

DÉCEMBRE 1832.

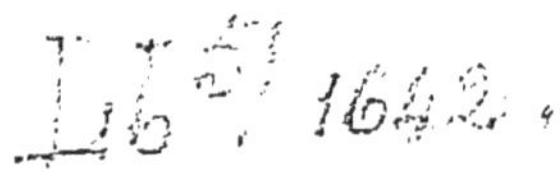

TABLE DES CHAPITRES.

INTRODUCTION.

MOTIFS DE CETTE BROCHURE.

Mon but est de montrer que la France n'est pas seulement sur le bord, mais bien au fond d'un abîme qui va sans cesse en s'approfondissant, et qu'elle est en danger de s'y trouver anéantie, si un nouveau moyen de salut ne vient l'en retirer.

Il faut montrer aux pouvoirs et aux partis qui affirment tous, sans exception, vouloir le bonheur et la gloire de la France, qu'ils sont tous, sans exception, impuissans à les réaliser; que pas un seul d'entre eux, au milieu de la crise où nous sommes engagés, ne porte en lui la chance de salut qui puisse faire tourner vers lui nos dernières espérances.

Il faut montrer aussi à nos grands politiques, dont chacun affiche la prétention exclusive de pouvoir nous sauver, la vanité de leurs moyens d'organisation ou d'amélioration, et leur profonde incapacité en fait de direction et de science sociale. J'espère que je serai écouté.

Tout homme, je le sais, qui s'avance aujourd'hui dans le champ si stérile et si battu de la politique est ordinairement accusé d'être un ambitieux ou un agitateur, et souvent ce reproche est fondé. Quant à moi, il importe peu que je sois en butte à une pareille accusation; cependant je déclare que si j'entre dans l'arène, c'est beaucoup moins pour y combattre que pour engager les combattans à la quitter, bien convaincu que leurs efforts ne peuvent amener que de funestes résultats.

Ce n'est donc point pour aggraver inutilement nos légitimes inquiétudes, ni pour enflammer les haines qui couvent de toutes parts, que je m'adresse aux hommes sincères de tous les partis : c'est pour les avertir qu'il est de la plus impérieuse nécessité pour la France, de tourner sans perdre un seul instant, ses regards vers un moyen nouveau de nature à concilier et à coordonner tous les intérêts, qui sont dans un état de conflit très-dangereux. Je viens enfin indiquer ce moyen et signaler une issue pour sortir du labyrinthe où nous sommes engagés.

Je ne me présente pas moi-même comme le médecin capable d'apporter un remède à tous les maux invétérés qui minent le corps social; je viens seulement annoncer, à la suite de ceux qui m'ont déjà précédé, que la France le possède, et aider à le faire connaître. Je voudrais provoquer la sérieuse attention des hommes graves et influens, mais surtout des hommes de bonne foi, placés en tête de la société.

Je prévois que dans cet écrit je froisserai bien des amours-propres et blesserai bien des susceptibilités; il n'entre cependant pas dans mon caractère ni dans mon goût d'offenser personne, mais le temps est venu de dire la vérité, et je dois la dire. Ma tâche est de chercher uniquement à y rester fidèle; je la remplirai de mon mieux Je suis sûr d'ailleurs de ma bonne foi et de ma sincérité cela me suffit. Si je m'attribue quelquefois le droit de faire justice, on pourra me la faire aussi.

J'ai considéré ma démarche envers le public comme un devoir devant lequel aucune considération ni aucune crainte ne sauraient me faire reculer, quelque disgrâce que pût m'attirer en outre mon manque d'habitude d'écrire et de parler. A cet égard, et pour éviter autant que possible toute chicane mesquine, je préviens ceux qui tiennent seulement à lire un livre bien écrit qu'ils doivent rejeter celui-ci.

J'entre en matière sans autre préambule.

Commençons par constater l'état de la France avant d'indiquer les moyens de faire cesser la crise violente où elle se trouve.

DANGERS

DE LA SITUATION ACTUELLE

DE LA FRANCE.

CHAPITRE PREMIER.

CRISE SOCIALE ET DÉCADENCE DE LA FRANCE.

§ Ier.

Montesquieu disait, vers le milieu du siècle dernier : « Les sociétés humaines sont atteintes d'une » maladie de langueur, d'un vice intérieur, d'un venin secret et caché. »

Hélas! rien n'est plus vrai; et cette vérité, qui a pour elle le témoignage de l'histoire, s'est acquis, surtout au sein des sociétés civilisées, un tel degré d'évidence qu'il n'est pas possible de la contester. Le venin secret et caché a constaté sa présence par de nombreux malheurs et de sanglans bouleversemens. Il ne tend qu'à se répandre et à se développer encore, quoi qu'en puissent dire les chantres de perfectibilité; car le progrès social, surtout depuis 89, a bien plus consisté à mettre à nu la plaie dans tout ce qu'elle a d'épouvantable qu'à la cicatriser. Seulement, il y a cela d'avantageux, que nous pouvons aujourd'hui la sonder, et arriver enfin à connaître la cause qui l'a engendrée et qui la perpétuerait, si l'on ne coupait le mal à sa racine.

Citons ici un passage extrait du *Traité de l'Association domestique agricole de* 1822, de M. Fourier, où se trouve admirablement décrit le chaos de nos sociétés civilisées.

« La classe des sophistes nous leurre d'un espoir » de progrès vers la perfectibilité, quand il est évi- » dent que la civilisation est un cercle vicieux; qu'il » n'y a de salut que dans l'organisation d'une société » plus élevée en échelle, et que l'esprit civilisé est » tout-à-fait inhabile à concevoir et exécuter le bien. » Il s'est écoulé vingt siècles scientifiques avant » qu'on proposât le moindre adoucissement au sort » des esclaves : il faut donc des milliers d'années pour » nous suggérer un acte de justice et de progrès so- » cial bientôt compensé par quelque oppression pire » encore, telle que la traite des Nègres et celle des » Blancs exercée par les Turcs sur les Chrétiens.

» Au résumé, nos sciences, qui se vantent d'amour » pour le peuple, sont complétement ignares sur les » moyens de le protéger. Les tentatives des modernes » sur l'affranchissement des Nègres n'ont abouti qu'à » verser des flots de sang et redoubler les cruautés » de la Traite, qu'à aggraver le mal de ceux qu'on

» voulait servir. Nos prétentions en réformes sociales
» n'engendrent qu'orages et déchiremens : la marche
» de nos sociétés est comparable à celle de l'Aï, dont
» chaque pas est compté par un gémissement. Ainsi
» que lui, la civilisation s'avance avec une inconcevable
» lenteur à travers les tourmentes politiques; à chaque
» génération elle essaie de nouveaux systèmes qui ne
» servent, comme les ronces, qu'à teindre de sang
» les peuples qui les saisissent.

» Enfin le terme des malheurs sociaux, le terme
» de l'enfance politique du globe est arrivé : nous
» touchons à la grande métamorphose qui semblait
» devoir s'annoncer par une commotion univer-
» selle. C'est vraiment aujourd'hui que le présent
» est gros de l'avenir, et que l'excès des souffrances
» doit amener la crise du salut. A voir la continuité
» des secousses politiques, on dirait que la nature
» fasse effort pour secouer un fardeau qui l'oppresse.
» Les guerres, les révolutions embrasent incessam-
» ment tous les points du globe; les orages à peine
» conjurés renaissent de leurs cendres; les esprits
» de parti s'enveniment sans nul augure de concilia-
» tion; le corps social est devenu ombrageux, déla-
» teur, pétri de vices jusqu'à s'allier aux Barbares
» pour la persécution des Chrétiens; la fortune pu-
» blique n'est plus qu'une proie livrée aux vampires
» d'agiotage; l'Industrie est devenue, par ses mono-
» poles et ses excès, une punition pour les peuples
» réduits au supplice de Tantale, et affamés au sein
» de leurs trésors; l'ambition coloniale a fait naître

» un nouveau volcan; l'implacable fureur des Nègres » changerait bientôt l'Amérique en un vaste sépulcre » et vengerait, par le supplice des conquérans, les races » indigènes qu'ils ont anéanties; le Commerce, émule » des Cannibales, raffine les atrocités de la Traite et » insulte aux décrets bienfaisans d'un congrès de » souverains. L'esprit mercantile a étendu la sphère » des crimes; à chaque guerre il porte les ravages » dans les deux hémisphères; nos vaisseaux n'em- » brassent le monde entier que pour associer les Bar- » bares et Sauvages à nos vices et à nos fureurs; la » terre n'offre plus qu'un affreux chaos d'immora- » lité, et la civilisation devient plus odieuse aux ap- » proches de sa fin.

» C'est au plus profond de l'abîme qu'une inven- » tion fortunée apporte aux civilisés la BOUSSOLE SO- » CIALE.... »

Déjà, en 1808 (l'époque est remarquable), M. Fourier s'écriait, en s'adressant aux faux savans qui nous dirigent: « Oui, l'ordre civilisé est de plus en plus » chancelant; le volcan, ouvert en 1789 par la phi- » losophie n'est qu'à sa première éruption, d'autres » succéderont dès qu'un règne faible favorisera les » agitateurs. En vain cherche-t-on à les prévenir; » la Nature se joue de nos lumières et de notre pré- » voyance; elle saura faire naître les révolutions des » mesures que nous prenons pour assurer le calme; » et si la civilisation se prolonge seulement un demi- » siècle, combien d'enfans mendieront à la porte des » hôtels habités par leurs pères. »

Les événemens qui se sont succédés depuis 1808 ont donné une triste vérification à ces prévisions.

§ II.

On peut affirmer, sans crainte d'être démenti, que la crise à laquelle nous assistons est, quant à la France surtout, la plus violente de toutes celles qui ont marqué le cours de sa carrière sociale : la révolution de 89 et ses suites le témoignent suffisamment. Il n'y a pas à en douter, nous touchons à une époque de régénération, à la plus mémorable phase du développement du genre humain, à une époque palingénésique que M. Ballanche a très-bien pressentie et que de Maistre annonçait en ces termes : « Il faut » nous tenir prêts, disait-il, pour un événement » immense dans l'ordre divin vers lequel nous mar- » chons avec une vitesse accélérée qui doit frapper tous » les observateurs. Il n'y a plus de religion sur la » terre, le genre humain ne peut rester en cet état. » Mais attendez que l'affinité naturelle de la religion » et de la science les réunisse dans la tête d'un seul » homme de génie..... L'apparition de cet homme ne » saurait être éloignée, et peut-être même existe-t-il » déjà. Celui-là sera fameux et mettra fin au dix- » huitième siècle qui dure toujours; car les siècles » intellectuels ne se règlent pas sur le calendrier » comme les siècles proprement dits. Tout annonce » je ne sais quelle grande unité vers laquelle nous » marchons à grands pas. »

Examinons donc, dans cette situation générale, quel est en particulier l'état de la France, car c'est d'elle surtout qu'il importe le plus de s'occuper. Puisque c'est elle qui se trouve placée en tête des nations civilisées, elle doit naturellement, sous peine d'anéantissement, porter en son sein les destinées du monde.

§ III.

Par la nature des principes qui sont en présence, et l'état de conflit des intérêts généraux en Europe, il est clair que la France est ou directement menacée à l'extérieur dans son système social et dans son existence politiqne par la plus grande partie de l'Europe, ou qu'elle menace directement elle-même la plus grande partie de l'Europe d'un changement complet de système : il n'y a pas là de moyen terme. Ainsi nul doute que, dans la lutte qui se prépare, le triomphe ou la chute de la France ne doive, aux yeux des politiques, décider une grande question.

Le danger n'est pas moins grand à l'intérieur qu'à l'extérieur : tout est remis en question, et les dissentions intestines qui se grossissent incessamment suffiraient seules pour opérer son renversement, car c'est dans sa base même que la société française est attaquée.

C'est qu'en effet tous les élémens fondamentaux qui ont donné la vie et l'alimentation à la société française depuis son origine, et qui forment l'essence de son organisme social, sont épuisés et complétement insuffisans désormais pour fournir à ses nouveaux besoins. Le régime moral et physique qui a été bon dans la jeunesse d'une société cesse de l'être et lui devient même pernicieux à mesure qu'elle avance vers la maturité. Il faut donc suivre attentivement son développement et lui fournir l'alimentation convenable à ses différens âges, sans quoi elle s'insurge et renverse tout pour se satisfaire; et si ses efforts sont vains, si l'on réussit à la comprimer, alors elle se démoralise, se corrompt, et atteint d'une façon quelconque à l'objet de ses légitimes désirs qu'on lui refuse aveuglément; semblable en cela au jeune adolescent qu'un précepteur insensé veut maintenir dans des devoirs qui ne sont plus de son âge.

Mais une société démoralisée et corrompue court rapidement à sa ruine et s'éteint bientôt dans les orgies et les sanglantes débauches des révolutions. C'est alors qu'elle devient la proie des nations voisines pour lesquelles elle est d'abord d'un funeste exemple, et qui finissent par la détruire pour donner carrière elles-mêmes à de nouveaux besoins d'activité, issus de la fièvre révolutionnaire et contagieuse qui leur a été communiquée.

§ IV.

Le caractère le plus saillant de la décadence d'une nation est la divergence complète et évidente entre l'intérêt individuel et l'intérêt collectif, ou égoïsme général ; divergence qui entraîne rapidement après elle la dissolution du corps social, car il n'y a pas de société possible là où les intérêts sont divisés.

Ce caractère de décadence est surtout notoire lorsque l'intérêt de la minorité qui gouverne est en contradiction flagrante et continuelle avec l'intérêt de la majorité gouvernée. Quand bien même on prendrait les gouvernans parmi les majorités gouvernées, on n'empêcherait point la divergence d'exister : nous en avons continuellement la preuve sous les yeux. Il arrive toujours aussi aux époques de décadence que l'action gouvernementale se trouve placée entre les mains des hommes parasites du corps social, c'est-à-dire entre les mains des hommes qui ne sont pas les chefs de travaux essentiels de la société, et qu'on pourrait éliminer de son sein sans qu'il en résultât aucun dommage notable. Ces hommes sont par conséquent en dehors de la sphère réelle des intérêts et des besoins vitaux. C'est une cause de perturbation quand ils sont placés au centre de l'action sociale.

En politique ces hommes parasites sont ordinairement les principaux agens d'un mouvement accompli ; c'est-à-dire les derniers représentans des idées qui ont fait leur temps, mais les idées étant progressives, et ne se succédant pas souvent dans les mêmes têtes, il s'ensuit que ces hommes perdent le sentiment des besoins nouveaux de la société et la trace de son développement. Ils manquent alors d'inspiration pour la guider, et superposent sans cesse les intérêts du passé à ceux de l'avenir. Ils compriment ainsi la société et veulent l'arrêter dans sa marche, contrairement à la nature humaine qui ne peut demeurer dans l'immobilité.

Il faut donc, pour qu'une société marche sans secousses, que ses gouvernans soient les représentans de ses besoins nouveaux, les chefs naturels de ses travaux essentiels, quels qu'ils soient, guerriers ou pacifiques, afin que l'intérêt et la tendance des gouvernés et des gouvernans soient toujours identiques, et que la société soit *homogène*; car du moment qu'il y a dissidence d'intérêt et de désirs entre les gouvernés et les gouvernans, il y a duplicité d'action, choc et bouleversement. Les gouvernés deviennent directement actifs et s'emparent du mouvement, et les gouvernans deviennent réactionnaires.

C'est ainsi qu'à l'époque de la décadence de la société romaine, le pouvoir militaire ayant accompli son mouvement d'envahissement est devenu par cela même pouvoir parasite et réactionnaire; il s'est trouvé en contradiction directe avec des besoins nouveaux qu'il ne comprenait pas, et dont il empêchait le développement. Ce pouvoir, qui n'était pas oppressif à son origine sous la république, est devenu oppressif à son déclin sous les empereurs; cela devait être, car tout pouvoir parasite ou stationnaire est oppressif de sa nature.

De même encore pour Rome catholique : quand le pouvoir catholique eut accompli son mouvement d'intervention sociale et d'association religieuse, il perdit le sentiment des besoins nouveaux que cette intervention et ses idées de charité avaient fait naître. Il devint bientôt parasite et stationnaire, et l'attaque de Luther le fit passer vite au rang de réactionnaire déclaré. Son oppression fut d'autant plus tyrannique qu'il avait été plus grand; les peuples sous son joug déclinèrent rapidement.

La féodalité donne également lieu aux mêmes observations.

Quelle que soit donc la société ancienne ou moderne que l'on considère, on remarquera toujours que le même fait de dissidence entre les gouvernans et les gouvernés a précédé une chute sociale, car cette dissidence est inhérente à toutes les époques de décadence.

Et maintenant si nous examinons la situation actuelle de la France, nous y retrouverons ce fait que nous avons donné comme signe caractéristique de décadence. Depuis 89, surtout, les pouvoirs n'ont fait que passer : ils ont été très-promptement réactionnaires, et très-fréquemment renversés, car nous sommes emportés par un mouvement qui a fait évanouir comme des ombres la révolution, l'empire et la restauration.

Depuis la révolution de juillet, le pouvoir se trouve de plus en plus entre les mains des réactionnaires ou parasites, et quels que soient les hommes que l'on choisisse, il serait difficile qu'il en fût autrement. En conséquence, le pouvoir est forcément obligé de devenir oppresseur, de s'étayer, à l'intérieur même, de nombreuses baïonnettes, et de faire un fréquent usage de la force coercitive.

Quels sont les hommes du pouvoir aujourd'hui? Ce sont, d'une part, les doctrinaires, ou derniers représentant des idées et du mouvement monarchique; lesquelles idées, après avoir été revues, corrigées et mélangées avec les idées philosophiques et destructives du XVIIIe siècle, sont passées à l'état d'éclectisme et de métaphysique constitutionnelle, pour être ensuite adaptées à la restauration qu'elles ont servie, on sait comment. D'autre part, ce sont les derniers représentans du mouvement de la république et de l'empire, et les derniers représentans de la restauration ou de la féodalité amoindrie. Mais nulle part ce ne sont les chefs des travaux essentiels de la société, ni les représentans des besoins nouveaux.

§ V.

La décadence de la France date de la réforme au XVIe siècle; la révolution de 89 lui a fait faire un pas immense. Napoléon avait arrêté la France sur le bord de l'abîme, mais sa chute l'y laissa retomber tout entière; la révolution de juillet est venue l'y enfoncer plus profondément. Les révolutions n'ont pas toutes le caractère du progrès social chez une nation, souvent elles sont une cause directe d'anéantissement. Dans chaque phase du mouvement d'une société il y a la période ascendante et la période descendante; or les révolutions des périodes descendantes ne sont véritablement que des convulsions sociales dont le résultat est de détruire et de renverser, mais elles ne changent pas d'une manière profonde les relations des individus; c'est pourquoi la révolution de 89, qui n'a su rien établir de stable, n'est qu'une révolution manquée dont le caractère essentiel est la convulsion. La révolution de juillet n'est qu'une crise particulière de cette convulsion.

Il n'est certainement pas impossible qu'une nation se relève d'une convulsion qui peut toujours être le point de départ d'une nouvelle organisation sociale établissant de nouveaux rapports entre les individus; mais ce n'est pas une chose facile que d'organiser une société.

Napoléon s'était trouvé dans une merveilleuse position pour travailler à cette grande œuvre et fonder en Europe l'association des rois et des peuples, au moyen d'un vaste système de garanties réciproques qui aurait acheminé à d'autres destinées. Mais Napoléon n'a compris sa mission qu'à moitié; il a continué très-imparfaitement le mouvement révolutionnaire; et au lieu de provoquer la recherche et l'étude d'une organisation nouvelle, il n'a rien eu de mieux que d'appliquer à la France une vieille forme de gouvernement, qui ne pouvait se soutenir qu'à l'aide d'une puissante main comme la sienne.

Il est de la plus haute importance aujourd'hui, à l'issue du mouvement de juillet, de travailler avec activité à la réorganisation de la société française, afin qu'elle ne tourne pas son reste d'activité contre elle-même.

Nous avons déjà les symptômes les plus alarmans de la chute prochaine d'une nation; c'est lorsqu'elle n'a plus de but vers lequel elle puisse diriger son activité et qu'elle manque de foi en elle-même : elle tombe alors dans l'indifférence sur ses propres affaires, c'est-à-dire en léthargie politique : c'est la position de la France aujourd'hui. « Sitôt, dit J.-J. Rousseau, » que quelqu'un dit des affaires de l'Etat, *que m'im-* » *porte*? on doit compter que l'État est perdu. »

Les questions sociales sont si mal posées qu'elles sont devenues insolubles, et il est impossible dans cet état de choses d'avancer, de reculer ou de stationner sans froisser de nombreux intérêts, sans comprimer un impérieux besoin d'activité ou refouler de nombreuses passions qui doivent se faire jour, et que la sagesse ne consiste pas à éteindre, mais bien plutôt à diriger.

Il semble qu'on ne puisse arriver à l'émancipation et à la liberté des peuples que par l'asservissement et l'anéantissement des rois, et, réciproquement, que les rois ne peuvent conserver leur dignité que par l'asservissement des peuples. Cependant il faut des rois, on ne saurait s'en passer, quelque nom d'ailleurs qu'on veuille leur donner, et leurs intérêts sont les mêmes que ceux des peuples : il faut donc chercher le moyen de les coordonner.

Ainsi, la France n'a plus une seule issue à son activité qui ne lui soit fatale; elle n'a plus de bannière qui soit le symbole de ses espérances. Et quels mots magiques pourrait-elle y inscrire de nouveau? Est-ce celui de liberté qui excita si puissamment son énergie en 89 ? Mais cette liberté quels fruits a-t-elle produits ? Il semble qu'elle ne soit plus qu'un mirage qui s'éloigne à mesure qu'on croit s'en approcher, et, bien qu'elle soit le seul principe solide de toute organisation sociale, elle n'est à présent qu'un mot aussi vide que celui de vertu, et qu'un ferment de discorde sociale d'une valeur seulement désorganisatrice qui ne sait rien mettre à la place de ce qu'il détruit.

L'égalité, encore moins bien définie que la liberté, n'est de son côté qu'une erreur philosophique directement contraire à la vraie liberté.

La gloire des armes séduit peu nos sociétés, car l'on sait par une rude expérience qu'elle n'entraîne pas le bonheur à sa suite.

Nos institutions elles-mêmes sont illusoires, puisque c'est toujours la loi du plus fort qui règne sur la société. Il est triste de penser que la charte peut être encore le sujet de stériles débats qu'il serait bien plus sage d'éviter, et qui ne peuvent qu'envenimer les partis et exciter de nouveaux troubles.

Il faut donc tourner ses regards vers un ordre de choses nouveau que tous les hommes, quelles que soient leurs opinions, puissent accepter : il faut un mobile nouveau à l'activité sociale.

CHAPITRE II.

CAUSES DE LA DÉCADENCE ET DE LA CRISE SOCIALE DE LA FRANCE.

§ Ier.

Tout dans le monde a son enfance, sa maturité, sa vieillesse et sa fin. Les institutions humaines surtout sont sujettes à s'effacer, car, étant l'ouvrage de l'homme, elles sont entachées nécessairement du vice radical de son imperfection législative. Mais comme c'est en vertu de leurs institutions humaines que les nations se sont constituées jusqu'à présent, qu'elles existent socialement et politiquement, il en résulte que le sort d'une nation est intimement lié au sort de ses institutions; et lorsque les institutions périssent, les nations disparaissent avec elles, ainsi que l'expérience nous le témoigne.

Néanmoins, si les nations cessent de vivre politiquement, les peuples ne cessent jamais d'exister; ils sont donc destinés à se régénérer. L'humanité est loin d'être à la fin de sa carrière sociale.

Ainsi les sociétés organisées régulièrement n'ont dû leur existence politique jusqu'à présent qu'à des institutions temporaires plus ou moins parfaites, mais toutes éphémères. En dire la raison, ce n'est point ici nécessaire, il suffit que ce fait soit constaté et pris en sérieuse considération.

Partant de là, et sans nous enquérir des sociétés

qui nous ont précédés ou qui nous avoisinent, examinons l'organisation sociale de la France dans son principe fondamental, et montrons que cette organisation, ayant fait son temps, est arrivée à l'âge de la caducité. On verra alors clairement que le sort de la France étant lié d'une manière inséparable au sort de son institution, la France touche à l'époque de sa chute prochaine, et qu'il n'y a pas d'autres moyens de la prévenir que de reconstituer la société en élargissant le principe fondamental qui lui sert de base aujourd'hui, et qui ne suffit plus depuis longtemps aux nouveaux besoins qui se sont développés.

Or, quel est le principe fondamental et générateur, l'élément essentiel et primitif, en un mot, la molécule organique qui a servi à construire la société française, et qui forme la base de son système social? C'est uniquement la famille, non pas la famille patriarcale, ni patricienne, mais la famille féodale; c'est-à-dire à l'état individuel isolé, caractère essentiel de la féodalité, qui est nuancée du caratère patriarcal et patricien.

L'état social de la France, dans toute sa pureté, se composait donc de la collection de toutes les familles distribuées naturellement par genres et par espèces, et échelonnées en vertu de leur inégalité, suivant leur degré d'importance, de richesse ou d'utilité dans les différens ordres et les différentes subdivisions de l'État. Telle était la hiérarchie sociale de la féodalité; et nous disons hiérarchie, parce que sans hiérarchie il n'y a pas d'ordre possible en quoi que ce soit ; l'inégalité étant le caractère le plus inaltérable de l'humanité, comme de l'univers, elle implique la nécessité de distinguer et d'ordonner. Au sommet de cette hiérarchie se trouvait placée une famille suprême qui était en même temps la clef de l'édifice, la tête et l'ame de l'État.

Dans les cadres de ce réseau hiérarchique, se trouvait, en une condition toute passive, un peuple entier réduit au *servage;* comme en Grèce et à Rome, il était réduit à l'*esclavage*; ce qui prouve déjà la supériorité de la Féodalité sur ces deux derniers États.

Telle était la membrure, le système nerveux et musculaire de la France, véritable Homme-nation assis sur une partie du globe : l'unité, l'homogénéité et l'harmonie furent la condition essentielle de la santé, de la force et de la durée de son organisme.

§ II.

La seule base solide de la famille individuelle, considérée comme molécule organique des sociétés modernes, est la propriété territoriale ou immobilière, et la propriété des grandes fonctions de l'État, qui sont les rouages indispensables et indestructibles de ce mécanisme social.

Une famille sans propriété territoriale ou sans propriété fonctionnelle, qui n'a pas d'autre base que la propriété mobilière, n'est qu'une famille éventuelle, flottante et sujette à perturbation.

Mais quel est le principe essentiellement et exclusivement conservateur de la famille individuelle ou féodale? C'est le principe de l'hérédité, par ordre de successibilité directe de mâle en mâle avec le régime des majorats, car c'est un majorat qui constitue une famille : la famille étant nécessairement dissoute par le principe d'égalité de partage.

Dans cet ordre de choses, la fonction est également une véritable propriété sociale exactement assimilable à la propriété territoriale; et l'ordre de de transmission doit être le même; car la fonction, surtout les hautes fonctions de l'État, faisant partie intégrante du système social qui garantit seul le maintien de l'ordre et le droit de propriété, il s'ensuit que cette fonction devient, par cela même, une propriété réelle, intimement liée à la propriété territoriale dont elle est le corollaire; et le fonctionnaire est d'autant plus intéressé au maintien de l'ordre qu'il est lui-même propriétaire d'immeubles. C'est ainsi qu'il y avait garantie de stabilité dans l'État.

C'est ici que se montre toute la régularité du système féodal, le plus parfait, selon nous, malgré sa prodigieuse imperfection, de tous les systèmes sociaux du passé. Il est à propos de dire aussi que jusqu'à présent les sociétés n'ont jamais été organisées que par le sommet, et que la base, ou les masses populaires ont toujours été négligées et exploitées. C'est là un vice capital que le système féodal n'a pas su faire disparaître.

Néanmoins, ce système avait beaucoup d'unité :

ainsi l'élément social et générateur de la famille, à quelque proportion qu'il fût élevé, fonctionnait partout de même, depuis la plus petite famille châtelaine et fonctionnelle jusqu'à la plus haute famille de l'État, la famille monarchique; ainsi partout même mode d'hérédité, de successibilité, partout unité de système, seul caractère d'un ordre social bien combiné. Le principe monarchique était unitaire dans chaque famille depuis le sommet de l'édifice social jusqu'à sa base; c'est-à-dire jusqu'à la moindre famille féodale.

Cette combinaison, quelque unitaire qu'elle fut, n'a cependant pas empêché les chocs et les discordes sociales, mais elles tiennent à une cause extérieure au système féodal en lui-même, et qu'il n'est pas nécessaire d'expliquer ici.

Sans le maintien du principe conservateur de la famille, qui est l'ordre de successibilité par droit de primogéniture directe de tout ce qui constitue la famille, elle s'éteint et se dissout comme cela se voit par l'hérédité collective ou libérale. Or, la famille étant le principe organique de l'ordre social, la dissolution de la famille entraîne nécessairement la dissolution de l'État et la dislocation du système social. Du désordre et de la dissolution de l'État naît le désordre et la dissolution morale.

§ III.

De la destruction du principe conservateur de la

famille et de la dislocation du système social, il résulte aussi l'anarchie occasionée par le défaut d'unité dans l'État. Ce défaut d'unité engendre les principaux effets suivans:

1° Duplicité de système, brisement de lien, divergence d'intérêts entre les familles particulières, régies suivant l'ordre libéral à héritage collectif, et la famille monarchique, régie suivant l'ordre féodal à héritage de primogéniture.

2° Duplicité de système, brisement de lien, divergence d'intérêts entre les familles à propriétés immobilières et financières à héritage libéral, et les familles fonctionnelles, dépossédées de la propriété et de l'héritage de la fonction.

3° Duplicité de système, brisement de lien, divergence d'intérêts entre les familles fonctionnelles des différens ordres de l'État et la famille suprême ou monarchique.

Donc triplicité de système, anarchie.

Les principales conséquences de cette anarchie sont :

1° Désaccord entre les familles libérales et la famille monarchique qui se trouve hors d'unité sociale, antagonisme provoqué par les hommes politiques et les logiciens, contre cette famille que l'on supporte, ne sachant comment faire; par conséquent, désaffection des sujets et démoralisation politique du monarque. Ce fait, qui explique la tendance des libéraux à éliminer le souverain et à le mettre en dehors de l'action sociale, a donné lieu aux profondes distinctions établies par eux entre les mots régner et gouverner, sur lesquels on n'est pas encore près de s'entendre.

2° Désaccord entre les familles à propriétés immobilières et financières et les familles fonctionnelles. Ces dernières familles n'étant plus liées à la fonction par la propriété et l'héritage, et n'ayant pas d'autre richesse que leurs émolumens, sont dénuées de toute garantie de stabilité et de considération; d'où résulte l'avilissement de la fonction, la démoralisation des fonctionnaires, leur indifférence pour le maintien du système social, leur tendance à la malversation. Or qu'est-ce qu'un fonctionnaire avili et déconsidéré? Si les fonctionnaires sont inutiles, il faut les supprimer; s'ils sont indispensables, il faut leur donner toutes les garanties possibles de respect et de considération, d'où naît la confiance; et ses garanties ne peuvent pas être seulement morales ou honorifiques, il faut aussi qu'elles soient établies sur quelque chose de matériel, sur la richesse enfin, sans laquelle la considération, surtout aujourd'hui, est fort peu solide. Aussi les grands fonctionnaires de l'ancien système féodal, ayant pour attributs la double propriété territoriale et fonctionnelle, jointe à la noblesse, étaient-ils les hommes les plus considérés de l'État.

3° Désaccord entre les familles fonctionnelles des différens ordres de l'État et la famille monarchique, dont les prérogatives sont différentes, et à laquelle les premières ne sont liées que par l'intérêt du moment. De là, servilité des fonctionnaires d'une part puisque si les fonctionnaires ne plaisent point au monarque, et ne se rangent pas de son parti, le monarque s'en défait pour sa sûreté; d'autre part, assujétissement du monarque, puisque s'il ne plait pas aux fonctionnaires, s'il ne se les attache pas en favorisant leurs intérêts (bien que se soit aux dépends des contribuables), ils l'abandonnent pour le parti contraire, le desservent, le discréditent jusqu'à ce qu'il tombe; et cela est d'autant plus facile aujourd'hui, qu'il est relégué dans ce qu'on appelle le pouvoir exécutif qu'on limite autant que possible. Pour peu que les fonctionnaires de l'ordre civil s'entendissent avec ceux de l'ordre militaire, on pourrait voir le monarque devenir le jouet du caprice de ces deux ordres, et alors se renouvelerait l'anarchie qui signala la décadence de l'empire romain.

Il est souverainement injuste et souverainement funeste que la famille fonctionnelle n'ait aucune solidité et soit réduite à vivre au jour le jour; car si le fonctionnaire consacre toute sa vie à une fonction utile, elle est devenue pour lui et sa famille une propriété aussi sacrée que toute autre propriété, et doit être régie par le même code : on n'a dès lors le droit de déposséder le propriétaire que pour cause d'utilité publique, et on lui doit en conséquence une indemnité. Si le fonctionnaire meurt, on doit continuer les émolumens de la fonction à sa famille, ou bien lui en rembourser le capital au taux ordinaire, ou bien enfin, il faut donner aux fonctionnaires pendant leur gestion, assez d'avantages pécuniaires pour qu'ils puissent assurer un sort à leurs familles, proportionné au rang qu'ils occupaient. S'il est impossible de réparer cette injustice, alors le système administratif est radicalement vicieux et il ne peut se soutenir. Ce n'est pas une compensation suffisante pour une famille fonctionnelle que de donner au titulaire de la fonction, et seulement viagèrement, une retraite qui s'élève tout au plus à la moitié de son traitement, car ses besoins et ceux de sa famille ne sont pas moins grands quand il est en retraite que lorsqu'il était en activité.

§ IV.

Montrons ici l'affinité intime qui existe entre l'institution catholique et l'institution féodale. Elle est telle qu'elles ne peuvent se soutenir l'une sans l'autre. La religion chrétienne est le ciment indispensable des divers édifices sociaux de la féodalité.

En effet, nous avons fait voir, pour la France, que toute la partie de la société qui compose ce que nous avons appelé le système musculaire, ou la chair de l'Homme-nation, comprend un peuple immense qui se trouve en dehors de tout privilége social, et qui n'a aucune part au bien-être des classes élevées de la société qui composent la hiérarchie féodale, lesquelles néanmoins partagent forcément, jusqu'à un certain point, les souffrances du peuple; car il n'est pas possible que les supérieurs soient heureux sans que les inférieurs le soient aussi. Or, quel est l'esprit du Christianisme et que prêche-t-il? La mortification de la chair, la tolérance et la fraternité humaine. C'est donc en s'appuyant de ces préceptes que le clergé catholique fut le lien indispensable entre la noblesse et le peuple, entre le seigneur et le serf, entre le riche et le pauvre, en prêchant à l'un la tolérance et la charité, à l'autre, la patience et la résignation en vue d'une récompense céleste, afin d'empêcher autant que possible entre eux tout conflit violent. En d'autres termes, le Christianisme, dans son essence, avait pour but d'inoculer un sentiment pacifique, de recouvrir, pour ainsi dire, les individus aussi bien que les familles et les nations, d'une enveloppe religieuse destinée à amortir ou à prévenir les chocs qui devaient avoir lieu jusqu'à ce que la loi du développement régulier et harmonique des sociétés fût trouvée; enfin jusqu'à la venue du consolateur promis par Jésus-Christ. C'est pourquoi le clergé catholique dut chercher à faire taire les passions humaines. On conçoit dès lors comment il devint arbitre nécessaire de la société et acquit une haute importance sociale.

Ce n'est pas que la forme catholique donnée au Christianisme, lui soit absolument inhérente : on pourrait la modifier, quoique difficilement, sans altérer l'esprit du Christianisme, mais la forme catholique est inhérente à la forme féodale ; car il fallait également similitude hiérarchique pour intervenir entre les différentes classes de la société; sans quoi la religion eût été sans force, sans grandeur et sans influence, ainsi que le prouve le Protestantisme (1).

(1) Il est vrai qu'il n'y avait pas unité de système dans l'ordre hiérarchique pour la transmission des fonctions, parce que l'esprit du Christianisme est

La France étant la véritable terre classique de la Féodalité, le clergé catholique avait donc un rôle important à remplir entre le peuple et la noblesse, comme pouvoir arbitral et pacificateur; ce rôle était d'autant plus délicat que toute partialité, pour l'une ou l'autre des parties, faisait suspecter et rejeter l'arbitre, et laissait à la force matérielle le soin de trancher la question. Aussi le clergé catholique qui avait déjà forfait depuis long-temps à l'esprit de sa religion, en se faisant grand propriétaire foncier, et ayant de plus pactisé avec le pouvoir temporel sous Léon X, et méconnu ainsi sa mission, fut frappé au cœur par Luther, qui porta un si terrible coup à cette institution qu'elle ne put jamais s'en relever. Du même coup de cette main puissante, l'édifice féodal fut également attaqué; car appelant les fidèles à la liberté de conscience envers le clergé, les fidèles levèrent d'abord l'étendard de la révolte contre ce corps formidable, et bientôt ils tournèrent leurs regards sur son complice, le corps féodal. La révolte de Luther, qui se combinait en même temps avec le développement de la Grande Industrie, fut donc le signal de l'affranchissement des peuples; et la philosophie du XVIIIe siècle s'étant mise en tête de ce mouvement de lutte et de désorganisation, produisit, en conséquence, une foule de

---

formellement contraire au mariage des prêtres, ainsi que l'a très-bien démontré de Maistre. C'est une des causes de la nécessité de deux pouvoirs, l'un temporel et l'autre spirituel ou arbitral, et cette nécessité de deux pouvoirs est aussi la raison de leurs luttes et de leur chute réciproque.

principes de libérté, d'égalité et de souveraineté populaire qui amenèrent la Révolution française, dont le résultat principal a été de constater d'une manière terrible que la France souffrait dans son peuple, dans sa chair, et qu'on ne peut refuser satisfaction à ce peuple sans donner lieu à d'horribles bouleversemens.

Mais les révolutionnaires n'ayant pas su changer essentiellement la condition des masses populaires, les mêmes causes de bouleversemens subsistent encore aujourd'hui; car cette marche des choses ayant posé de plus en plus la question entre ceux qui ont et ceux qui n'ont pas, et la Religion n'étant plus assez puissante pour intervenir entre les combattans, la société est toujours livrée ouvertement au droit du plus fort. Cela doit inviter les classes riches à faire de sérieuses réflexions, et leur montrer l'impérieuse nécessité de trouver des moyens d'organisation sociale qui puissent concilier les intérêts des diverses classes..

A toutes les crises sociales on a compris le danger de l indifférence en matière religieuse et la nécessité de relever la Religion, comme garantie de repos et de conciliation; c'est ce que Napoléon avait compris aussi, et ce que M. de Lamennais a senti profondément en ces temps de désordre.

Ce dernier a pensé, en conséquence, qu'il était indispensable, pour arriver à ce but, de modifier la forme catholique pour la mettre en harmonie avec la forme libérale. C'était là un projet digne d'un esprit élevé, mais néanmoins impossible à réaliser, en ce que, premièrement, les grandes institutions ne se raccommodent jamais; et secondement, que la forme dite libérale n'est pas une forme, mais une trompeuse apparence. Au reste, M. de Lamennais, sans ramener les libéraux à la religion, a été ramené au silence par l'Eglise.

§ V.

Nous pensons avoir montré suffisamment les conditions d'existence et de durée du système féodal, ou synthèse de la famille individuelle concordant avec l'abolition de l'esclavage. Ce système est toujours celui qui nous régit, mais profondément altéré par ce qu'on nomme le système républicain ou libéral, qui n'a point su le remplacer, puisqu'il a aussi pour base la famille individuelle qu'il a seulement anarchisée. Nous ne sommes certainement point partisan de la féodalité, mais nous devons avouer que son organisation est incomparablement supérieure à la prétendue organisation libérale ou constitutionnelle, qui n'est qu'une véritable désorganisation. Néanmoins le système social de la féodalité ne saurait être rétabli; puisqu'il n'a pas pu se soutenir, il est vicieux et il y a nécessité indispensable de lui en substituer un autre plus parfait dont la base soit plus large. Il faut agrandir l'élément générateur (la famille) et s'élever du régime de ménage familial ou morcelé, au régime de ménage sociétaire, véritable élément social de l'humanité : nous en indiquerons dans la suite les moyens.

Nous allons examiner maintenant, avec quelque détail, les causes qui ont amené la chute définitive de l'ordre féodal; car il importe surtout de les faire connaître.

La première de toutes est, sans contredit, la Réforme de Luther qui, en sapant le Catholicisme, a privé la Féodalité de son plus solide appui; mais la principale est le développement, au sein de la société, de la Grande Industrie, que la Réforme amenait à sa suite, et qui a introduit dans l'ordre féodal ou temporel un élément nouveau, un ordre distinct, que le système féodal, faute de largeur, n'a pas pu s'assimiler; de même que l'ordre catholique n'a pas pu s'assimiler le Protestantisme, ni répondre aux nouveaux besoins qu'il indiquait (1). Mais nous ne nous occuperons principalement que de l'ordre industriel et commercial.

L'Industrie et le Commerce, aussi bien que le Protestantisme, se sont développés, en dehors de toute organisation et de toute prévision sociale, de la manière la plus anarchique et la plus désordonnée. Les Industriels, par suite de leur invasion dans l'édifice féodal, l'ont fait crever de toutes parts. Cette invasion, assez comparable, pour l'effet, à celle des Barbares au moyen âge, mais dont le résultat sera bien différent, a été la cause première, et la plus profonde, de la démoralisation sociale et de la chute de l'État.

---

(1) L'institution des jésuites avait pour but de chercher des accommodemens, mais c'était là un système de juste-milieu qui devait répugner à la société.

C'est la Grande Industrie et le Commerce qui portèrent la hache dans l'institution féodale, comme la Réforme l'avait portée dans l'institution catholique.

L'introduction de la Grande Industrie, et l'importance qu'elle a acquise dans l'ordre social par un développement désordonné du Commerce, donna naissance, à la faveur d'un mécanisme que nous expliquerons plus loin, à la classe des financiers ou capitalistes, qui devinrent insensiblement les dépositaires de la fortune publique, sur laquelle ils exercèrent, dans la suite, de grands ravages. Bientôt du milieu de ces nouveaux traitans s'éleva une nouvelle noblesse, une aristocratie financière, assise non plus sur le sol, mais sur le coffre-fort, et dont tout le mérite consistait à avoir de l'argent, quelle que fût la manière de se le procurer. Elle n'avait pas besoin d'autres titres à la considération publique, et bientôt après avoir éclipsé et usurpé par le trafic et les spéculations les fortunes féodales, dont elle n'était que dépositaire infidèle, elle rendit vain l'éclat des vertus, des titres, des longs services et des talens, et porta le coup le plus funeste à la morale sociale. En même temps l'industrie manufacturière que le Commerce favorisait, augmentant la richesse et développant sans cesse les nouveaux besoins des classes non privilégiées, on fut conduit nécessairement à l'abolition des priviléges et à la destruction du principe conservateur de la famille. Les révolutionnaires, en y ajoutant le partage des propriétés et en consacrant le principe de leur division à l'infini, annihilèrent, par conséquent, l'importance sociale du propriétaire d'immeubles, qui se trouve aujourd'hui subalternisé par les dépositaires de la fortune publique, les capitalistes et commerçans, ou possesseurs des richesses mobilières.

Le premier effet de cette fâcheuse subalternisation, fut le dédain des améliorations territoriales, dans lesquelles on ne trouvait pas de chances de fortune assez rapides; il en résulta que les capitaux furent détournés de plus en plus de l'Agriculture, qui resta privée d'encouragemens et demeura presque stationnaire, bien que le Sol soit le véritable père nourricier des nations, et que ses intérêts soient d'un ordre primordial.

Secondement, et c'est ici la conséquence la plus funeste, la tendance invincible à la hiérarchie, même dans le désordre, ayant fait passer l'importance politique aux hommes placés, par leurs écus, aux sommités de l'ordre social et du mouvement industriel et commercial, c'est-à-dire aux capitalistes; il est arrivé que la puissance de l'État, au lieu d'être assise réellement sur les représentans de la richesse immobilière, sur le Sol, seul point d'appui solide, s'est trouvée assise sur les représentans de la richesse mobilière ou commerciale et éventuelle, sujette à d'incessantes perturbations, causées par les désordres mêmes du Commerce, dont les agiotages et les ruineuses spéculations engendrent aussi, par une suite d'actions et de réactions, les perturbations politiques.

Cette subversion dans l'ordre social est la cause la plus positive de la chute des États, car dès qu'un État n'est plus assis sur la propriété territoriale, et qu'il cesse de soutenir principalement les intérêts qu'elle représente, c'est un État dont les conditions d'existence et de durée sont purement factices et toujours précaires, puisque les intérêts essentiels et primordiaux de la société sont subalternisés par des intérêts secondaires et souvent parasites (1).

§ VI.

Nous voici donc sur le véritable terrain de la question sociale, et il s'agit de démontrer que la cause capitale du profond malaise qui mine les societés modernes, est encore moins dans l'ordre féodal et administratif, que dans l'ordre industriel et commercial. Nous allons faire voir où réside le *venin secret*

---

(1) Il n'y a que de très-rares exceptions à cette règle, et seulement pour les États tels que Tyr et Carthage, dans l'Antiquité, Venise et la Hollande, parmi les modernes, qui, n'étant pas des ateliers de production, servent d'entrepôts au commerce des nations. Ils ne sont jamais que d'une importance secondaire, et sont également sujets à une existence incertaine, puisque des entrepôts peuvent se déplacer, soit par la guerre, soit par la concurrence du commerce. Quant aux états de premier ordre, la règle est sans exception. On citera peut-être l'Angleterre, mais la féodalité, en Angleterre, est assise à la fois sur la propriété immobilière et mobilière. En outre, c'est un État qui est en même temps atelier de production et entrepôt. A ce dernier titre tout entrepôt qui s'élèvera ailleurs ne peut que lui faire un tort considérable et entraîner sa ruine. D'ailleurs, l'Angleterre est aussi en pleine décadence sociale, et n'a plus, pour condition de durée, que l'extension de son commerce, qui tend à l'envahissement par le Monopole, comme Rome tendait à l'envahissement par la Guerre.

qui fait mourir les sociétés civilisées au moment où elles croient être sur la voie d'une prospérité indéfinie.

Il faut qu'on fasse ici une sérieuse attention, car il est de la dernière importance que l'on sache clairement que ce n'est point dans la sphère administrative, politique ou religieuse, malgré son état d'imperfection très-notable, qu'il faut chercher des moyens d'amélioration radicale. En harcelant ou bouleversant les pouvoirs, on n'amènerait que de nouvelles révolutions qui entraîneraient infailliblement l'anéantissement complet de la société.

Supposons, en effet, qu'il y ait à la tête de tous les pouvoirs les hommes les plus parfaits et les mieux intentionnés : ils ne pourraient toujours, dans l'état actuel des choses, que se montrer simplement favorables à la recherche des moyens d'organisation et d'amélioration, puisqu'ils ne les possèdent pas; sans cela ils les feraient connaître; et ne fût-ce que par instinct de conservation, ils les mettraient en usage. Nous montrerons aussi dans la suite que les détracteurs du pouvoir ne sont pas plus riches que lui en moyens d'améliorations et d'organisation sociale.

Examinons maintenant les faits à observer pour découvrir, dans l'ordre industriel, et surtout dans le système du Commerce, la cause du mal que nous signalons, et plaçons-nous d'abord au sommet de la question.

La question sociale posée par le saint-simonisme entre les oisifs et les travailleurs, comme exploitation des derniers par les premiers, au moyen des rentes, loyers et fermages, a été d'abord faussement posée, en ce que, au lieu de conduire à établir de meilleures relations entre les propriétaires de terres ou de capitaux et ceux qui les faisaient valoir, elle aboutissait à l'abolition directe de l'intérêt du capital (terre ou numéraire), et par suite à l'abolition de la propriété. Et secondement, la question a été très-étroitement posée en ce qu'elle devait l'être entre les PRODUCTEURS et les NON-PRODUCTEURS ; dans le but de régler avec justice les rapports qui existent ou qui doivent exister entre eux, sauf à rechercher en outre une méthode d'industrie attrayante qui aurait ramené les oisifs au travail.

Si la question avait été posée ainsi, on aurait vu qu'il existe dans le mécanisme industriel et commercial, un immense rouage parasite composé d'agens improductifs qui, tout en travaillant souvent beaucoup, n'en sont pas moins très-inutiles et très-nuisibles aux intérêts et à l'activité des producteurs. Et, le croirait-on ! M. Fourier démontre que sur la totalité du travail social, les DEUX TIERS sont complétement improductifs.

Ainsi l'on peut considérer que le nombre des agens improductifs s'élève aux DEUX TIERS de la population : ils se composent des armées, agens fiscaux, douaniers, fraudeurs, commerçans et agens superflus de transport et de distribution ; sophistes, oisifs, valets, agens de travail négatif et de travail destructif. A quoi il faut ajouter que l'absence de toute organisation régulière du travail social ne permet pas d'utiliser le travail de l'enfance et de la vieillesse, ni de rendre productif le travail des deux tiers des femmes absorbées dans les insignifians et monotones travaux du ménage morcelé.

D'après cela, onze millions de travailleurs positifs doivent subvenir aux besoins de trente-trois millions de Français, sur lesquels il y a vingt-deux millions d'improductifs ou travailleurs négatifs; et néanmoins c'est parmi ces improductifs que se trouvent ceux qui consomment la presque totalité du produit. Qu'on s'étonne maintenant si les classes ouvrières sont exténuées de fatigue, et vivent dans le dénûment!

L'ensemble des travailleurs de tous les ordres de la société, forme donc deux grandes divisions principales :

La première division comprend tous les chefs et agens de production agricole et manufacturière, ou travailleurs positifs, et compose l'Industrie proprement dite.

L'Industrie proprement dite se subdivise encore en deux genres distincts de travailleurs positifs, savoir : les agriculteurs et les manufacturiers. Les premiers relèvent plus directement des propriétaires du sol; les seconds plus directement des propriétaires de capitaux, et ils paient à ces deux espèces de suzerains une redevance à titre d'intérêt, fermage ou loyer.

La seconde division comprend tous les chefs et agens (en nombre prodigieux) de la circulation et de la distribution des produits ou travailleurs négatifs, et compose ce qu'on appelle le Commerce proprement dit.

Or, c'est dans le Commerce proprement dit que se trouve le siége de la lèpre qui dévore la société.

Le Commerce qui doit avoir uniquement pour fonction la circulation et la distribution des produits, en les faisant arriver aux consommateurs au prix de fabrication, et moyennant une prime raisonnable; qui doit enfin gérer fidèlement la richesse sociale, fonction de premier ordre, fait directement le contraire aujourd'hui, et se trouve former un ordre à part, tout-à-fait excentrique à tous les autres ordres de l'État, sans aucune loi fixe, et vivant aux dépens de tout le corps social qu'il exploite avec une abominable cupidité. Les services qu'il lui rend sont dans une monstrueuse disproportion avec ce qu'il lui coûte et avec les déperditions qu'il occasionne; car un de ses autres mérites est d'employer cent agens là où vingt suffiraient grandement.

Le Commerce comprend une masse de travailleurs négatifs et parasites qui forme une armée très-indisciplinée, ayant ses chefs principaux, ses officiers et ses soldats. Les chefs principaux sont les capitalistes, les banquiers, et autres dépositaires de la fortune publique, placés en tête du mouvement de circulation. Ils composent le grand état-major de la finance.

Les officiers du second ordre sont les négocians qui se chargent des achats et de la vente en gros des produits de l'industrie.

Le gros de l'armée est formé par l'immense population des petits marchands, boutiquiers et autres entremetteurs qui se chargent de la vente en détail.

Examinons les manœuvres de cette armée mercantile perpétuellement en campagne pour rançonner la société, et premièrement voyons les dispositions du terrain sur lequel elle s'exerce au grand détriment de toutes les classes, et notamment des travailleurs productifs.

Sans nous arrêter à la science vaine et fausse des économistes, et sans tenir compte de leurs explications sur la formation des richesses, la distribution des produits, la puissance reproductive de l'argent, résumons en termes simples le fait de l'activité industrielle de l'homme.

L'homme et la terre, voilà les deux élémens primordiaux de la richesse sociale. L'homme, par son travail, en est le premier élément, le principe actif; la terre avec ses minéraux, ses végétaux, en est le second élément, le principe passif, relativement à l'homme. Le produit résultant de l'action de l'homme sur le sol, ou sur la matière, représente exclusivement la richesse sociale.

Entre tous les produits, il en est un appelé numéraire, qui est affecté d'un caractère particulier, en ce qu'il est destiné à servir de moyen d'échange plus facile entre les différens producteurs, et qu'il est en même temps le signe représentatif de la richesse sociale. Le numéraire lui-même a pour signe représentatif dans le Commerce les papiers et effets échangeables créés dans le but de favoriser de plus en plus le mouvement de l'Industrie.

Ainsi, dans toute société, la somme du numéraire en circulation, soit en valeur réelle ou espèces, soit en valeur fictive ou papiers, est toujours dans une proportion assez régulière avec la somme générale des autres produits; de tellesorte que ces autres produits peuvent être aussi, de leur côté, le signe représentatif du numéraire. Dès lors, toutes les spéculations faites sur les produits, à l'aide du numéraire, agissent et réagissent directement sur les deux élémens primordiaux de la richesse sociale : l'homme et le sol.

§ VII.

C'est ici que nous allons voir le rôle que joue, depuis son origine, le Commerce au milieu des différens ordres de notre société.

Mais d'abord qu'est-ce que le Commerce?

Le spirituel critique Geoffroy en donne la définition suivante : c'est l'art de vendre six francs ce qui en coûte trois, et d'acheter trois francs ce qui en vaut six. « Tout praticien, ajoute M. Fourier, avouera » que c'est là toute la science mercantile; celui » qui la possède est par excellence *habile garçon*, » *bonne tête*, en termes techniques. »

Personne, il faut l'espérer, ne contestera la vérité de cette définition.

Le Commerce, qu'on doit bien plutôt appeler le mercantilisme, d'abord petit et justement dédaigné, mais profitant de l'isolement des familles, est venu se placer entre elles sous prétexte de les servir, mais en réalité pour les rançonner.

Insensiblement, les entremetteurs mercantiles se sont institués distributeurs des produits, et se sont emparés de leur gestion : ils en ont fait alors de plus en plus le monopole à leur profit. Or, le commerce d'échange étant de toutes les industries celle qui exige le moins de talent, était aussi celle qui dégageait le mieux des liens du servage. Il est résulté de cette cause que les entremetteurs se sont extrêmement multipliés, et que beaucoup de bras ont été successivement retirés au travail productif, mais pénible et répugnant, de l'industrie agricole et manufacturière, et ont grossi la masse des improductifs, qu'il a fallu en même temps nourrir sur la quantité générale des produits. Cet état de choses a toujours conduit, comme on le conçoit facilement, à empirer la condition du travailleur et à diminuer la somme de son bien-être, puisqu'il a dû partager de plus en plus le fruit de son travail.

Les gouvernemens n'ayant jamais fait attention à ce funeste développement du mercantilisme, il est arrivé qu'il a étendu de plus en plus ses relations jusqu'au point de s'emparer du patronage exclusif du produit. Le Commerce a donc enveloppé dans ses filets toutes les classes de la société, auxquelles il a fait facilement la loi; et, étendant librement son désastreux monopole et ses désastreuses spéculations, il est arrivé à d'immenses et scandaleux bénéfices par la spoliation du corps social tout entier, qui n'a contre lui aucune garantie. C'est ainsi qu'il a fini par accumuler dans ses mains toute la fortune publique, avec d'autant plus de facilité que les grands propriétaires du sol, pour obtenir un emploi avantageux de leurs revenus, les versaient dans les caisses des traitans, qui, les faisant valoir, ont acquis par là de nouveaux moyens d'exercer leurs spéculations. De là l'origine des financiers et banquiers, lesquels, pour chercher de nouveaux bénéfices, favorisèrent l'industrie manufacturière d'une manière immodérée (1), au détriment même de l'industrie agricole; ce qui a fait accroître de plus en plus les misères des agriculteurs, par conséquent la misère du peuple.

La concentration des richesses sociales entre les mains des chefs du Commerce, exempts de tout contrôle, leur a permis d'opérer, tout à leur aise, la hausse et la baisse sur les divers produits, par le mouvement alternatif de l'accaparement et de l'engorgement factice. C'est ainsi que le Commerce exploite le producteur; car au moment où ce dernier a besoin de vendre pour payer ses loyers et ses frais de culture ou de fabrication, il ne trouve plus de débouché, et est obligé de donner ses produits à vil prix, afin d'éviter l'huissier ou le garnisaire. Alors, ne pouvant point subvenir à ses frais, il se voit obligé de baisser

(1) Il est à propos de faire observer ici que l'industrie primodiale est celle du sol, et que celle des manufactures est secondaire. Ces deux branches de travail doivent être entre elles dans une juste proportion; de même qu'il doit y avoir proportion entre l'alimentation et le vêtement de l'homme.

le salaire de l'ouvrier. Il faut bien qu'il prenne ses fonds quelque part.

D'un autre côté, lorsque le producteur est débarrassé de ses produits, et qu'ils sont passés entre les mains des commerçans, ces derniers élèvent le prix de la vente à leur gré et exploitent le consommateur.

Mais la baisse des prix du produit ne réglant pas les loyers et les frais de manutention dans la même proportion et suivant les mêmes fluctuations, il suit de là que le producteur direct n'a généralement d'autre perspective que celle de tomber dans l'indigence. C'est ainsi que les désastres ou la prospérité du Commerce conduisent toujours les masses productives à la misère. L'Angleterre en est une preuve irrécusable.

§ VIII.

Examinons à présent un autre effet désastreux du mécanisme commercial.

La concentration des richesses sociales entre les mains des hommes non-seulement étrangers aux intérêts de la société, mais encore ennemis directs et acharnés de ces mêmes intérêts, a donné lieu à la création ruineuse de la *monnaie fictive*, ou papiers échangeables, que le corps mercantile, pour étendre son crédit, satisfaire à ses besoins, faciliter les relations, a créés insensiblement, et dont la somme est aujourd'hui colossale (1).

---

(1) La monnaie fictive est celle qui ne peut se réaliser soit en espèces, soit en autres produits. Par exemple, les billets de la Banque de France ne sont

La création de ces papiers échangeables est désastreuse en ce sens qu'elle est très-souvent arbitraire, et que la plus grande somme de ces papiers émis dans la circulation, est *valeur fictive*, c'est-à-dire *non réalisable* en produits ou richesse réelle.

Ainsi, par exemple, un spéculateur, avec cent mille francs comptant, trouve facilement un crédit de cinq ou six cent mille francs. Il crée donc du papier proportionnellement à son crédit; il le met en circulation, et le rembourse successivement par l'opération des reviremens. Il arrive, par ce moyen, à

---

point un numéraire fictif tant que la somme correspondante de leur valeur est dans les caisses de la Banque; mais si l'on fait emploi des fonds en caisse pour de nouvelles spéculations ou pour accorder des crédits aux spéculateurs, et que ces billets ne soient plus réalisables, comme en 1814, alors les billets de banque sont *monnaie fictive*, fausse monnaie. C'est un double emploi qui fournit le moyen de tirer plusieurs intérêts du même capital, ou de le placer à 10 ou 15 au lieu de 5 pour °/₀. C'est ainsi que s'y prennent les banquiers pour arriver à leurs colossales fortunes.

Quand la monnaie fictive décroît, ou que la circulation et les reviremens sont arrêtés par quelque désastre commercial, c'est le corps social, et en définitif l'Etat, qui en supporte la perte et qui s'endette d'une somme proportionnée au déficit occasionée par la crise commerciale; ce qui établit momentanément l'équilibre jusqu'à une nouvelle crise et un nouvel accroissement des dettes publiques. Depuis l'introduction du mercantilisme, venu à la suite de la Réforme, la dette publique s'est élevée à la somme énorme où nous la voyons aujourd'hui :

En 1562, sous Charles IX, elle était de	17,000,000;
En 1660, sous Louis XIV et Colbert, de	783,400,000;
En 1788, sous Louis XVI et Necker, de	4,245,750,800;
En 1807, sous Napoléon, après la banqueroute de la révolution, de	1,912,500,000;
En 1829, sous Charles X, de	4,260,000,000;
En 1832, de	5,417,000,000.

faire de très-grandes spéculations, et à retirer de son capital ou de celui qu'on lui confie un intérêt trois ou quatre fois plus élevé que le taux légal. Or c'est toujours le produit, et par conséquent le producteur et le consommateur, qui paient les intérêts et loyers quelconques.

En outre, le signe représentatif du produit augmentant dans une grande proportion, il en résulte que la valeur vénale du produit augmente d'une manière analogue (1); mais c'est principalement dans les mains du spéculateur qu'elle augmente, et fort peu dans celles du producteur direct, car le signe représentatif du produit, ou le numéraire, arrive très-difficilement et très-lentement dans les mains du producteur et du peuple.

L'extention désordonnée du Commerce donnant lieu à l'accroissement du rouage parasite, ou des improductifs, il arrive que les chefs mercantiles, pour écouler les produits qu'ils ont en main, favorisent l'établissement des petits marchands, boutiquiers, revendeurs, etc., soit par le crédit qu'ils leur accordent en numéraire, soit par l'avance de marchandises, sur lesquelles ils perçoivent encore un intérêt jusqu'à remboursement du capital, provisoirement représenté en nouveau papier, ou monnaie fictive, lancé dans la circulation.

---

(1) En Angleterre, où la somme de la monnaie fictive est beaucoup plus grande qu'en France, on voit que la vie matérielle y est aussi beacoup plus coûteuse. Dans les pays où il y a peu de monnaie fictive, on voit au contraire qu'on y vit à très bon marché.

Ainsi il y a à Paris plus de 4000 épiciers; à quoi bon 4000 épiciers? Est-ce qu'il ne pourrait pas y avoir un système de distribution mieux entendu et plus économique? « Une ville, dit M. Fourier, qui » consommait mille tonneaux de sucre lorsqu'elle » avait dix marchands, n'en consommera toujours » que mille tonneaux lorsque le nombre des mar- » chands se sera élevé à 40 au lieu de 10. »

Cette immense complication de ressorts a pour résultat le plus direct de faire payer au consommateur les denrées de première nécessité trois, quatre, cinq fois plus cher qu'il ne devrait les payer réellement. Et quel est encore le principal consommateur? toujours le misérable peuple. Mais non contens de rançonner ces infortunés privés du nécessaire, les boutiquiers ne leur vendent souvent que des denrées falsifiées, des boissons frelatées d'une horrible manière, qui détériorent de plus en plus leur santé et diminuent par conséquent leur force productive (1). Enfin, après d'incroyables fatigues passées dans les travaux les plus rebutans, le peuple est réduit à vivre d'ordures bonnes tout au plus pour des animaux, et encore n'en a-t-il pas le quart de son nécessaire.

« Les marchands aujourd'hui sont libres, dit » M. Fourier; mais le corps social ne l'est pas dans » ses relations avec eux, car on est forcé de faire des

(1) M. Fourier cite qu'un marchand de vin lui montrait un jour une pompe qu'il avait dans sa cour, en lui disant qu'elle lui rapportait 10,000 fr. par an.

» achats ; on ne peut se passer de subsistances et » vêtemens qu'on n'obtient que par achat ; on est » donc par le fait asservi aux vendeurs, dont il faut » essuyer les fourberies. »

« Étrange inadvertance ! après cent années de » controverse mercantile, on n'a pas encore observé » que le commerce civilisé n'est que de mode *simple*, » et non pas de mode *composé ;* qu'il n'assure de li- » berté et de garantie qu'à une des parties contrac- » tantes, au VENDEUR et *non à l'acheteur.* »

Sans la sagesse des gouvernemens qui ont introduit dans le cloaque mercantile la garantie des poids et mesures, on peut être assuré que les marchands ne se feraient pas faute de vendre à faux poids et à fausses mesures.

Mais c'est peu de l'altération des produits et des fourberies des commerçans de bas étage, tels que les marchands et boutiquiers. C'est peu de les voir s'écraser les uns les autres avec tant de plaisir. Que sera-ce donc si nous jetons la vue sur les infâmes brigandages de l'agiotage !

C'est au moyen de l'agiotage que l'on peut, dans un lieu public, en plein jour, ruiner impunément l'État et les familles, et entasser ainsi les dettes publiques et les révolutions. C'est ainsi que le corps social est spolié et dévalisé par le corps mercantile, traînant à sa suite l'agiotage, le monopole, l'usure, la banqueroute, la contrebande en toutes relations, et toujours l'avilissement du salaire et la misère du peuple.

Personne n'ignore non plus que, dans la banqueroute, ce n'est pas celui qui la fait qui la supporte, car ne pouvant pas réaliser toute la monnaie fictive qu'il a créée pour étendre son crédit et favoriser ses spéculations, il réserve pour lui le numéraire et laisse le papier aux créanciers. Et quels sont les créanciers? Toujours les producteurs, les propriétaires et autres personnes souvent étrangères aux intrigues du Commerce. Alors l'intéressant banqueroutier qui était entré dans les affaires souvent sans un sou vaillant, est plaint, consolé par les chers confrères, et dans son affliction il achète quelque château un peu éloigné du lieu de ses prouesses, afin de se remettre du dégoût des affaires qu'il a quittées. Quand une seule banqueroute ne suffit pas, il se met en devoir d'en faire une seconde, une troisième, une quatrième, jusqu'à ce qu'il puisse avoir la maison de ville pour recevoir les nombreux amis qui viennent lui apporter leurs consolations.

Il ne faut pas craindre de le dire hardiment, le Commerce aujourd'hui n'est qu'une arène de crimes et de perversité, dont l'influence la plus directe est de corrompre la morale sociale, de ruiner les États et de conduire les Nations à l'anéantissement à travers les révolutions.

Ce n'était assurément point sans raison que Jésus-Christ chassait indignement les marchands hors du temple, en les accusant de faire de sa maison une caverne de voleurs. Saint Chrysostôme disait aussi qu'un marchand ne pouvait être agréable à Dieu.

La noblesse a toujours eu pour eux un profond mépris, et il en fut ainsi de toute antiquité. Les grands artistes du siècle de Louis XIV eurent le bon sens d'attaquer les traitans et financiers, c'est qu'ils avaient le sentiment profond des perturbations qu'ils devaient occasioner.

Néanmoins, malgré la dépravation du corps mercantile, faut-il l'accuser formellement et le rendre directement responsable des maux qu'il traîne à sa suite? Non! car il est conduit forcément à la malversation par le vice même de l'organisation sociale, qu'il n'est nullement de son devoir ni de sa compétence de changer; et l'on n'est pas plus en droit d'accuser les agens du mercantilisme, qu'on n'est en droit d'accuser les malheureuses filles que la nécessité de vivre conduit à la prostitution, qui n'est en définitive qu'une branche de commerce, dont l'exercice se fait aux dépens de leur ame et de leur corps à défaut d'autre marchandise. Et sans doute les agens du commerce mercantile, qui n'ont pas d'autre voie de fortune aujourd'hui que par la pratique du mensonge, aimeraient beaucoup mieux s'enrichir par la pratique de la vérité, surtout si elle rapportait davantage.

Comment se fait-il donc, législateurs, que vous n'ayez jamais cherché les moyens d'établir le commerce en mode véridique, pour mettre un terme au commerce en mode mensonger, qui reste même sans contrôle? Car c'est sur vous, hommes qui dirigez les sociétés, qui leur donnez des institutions et des lois; sur vous qui êtes enfin chargés de leur salut, que retombe de tout son poids ce formidable reproche. Comment pourrez-vous vous en excuser, et que faites-vous tous pour remédier au mal qui se développe sous vos yeux?

Non-seulement les gouvernemens ne font rien pour remédier à ce mal, mais ils se constituent avec un incroyable aveuglement les protecteurs du Commerce, sur la bannière duquel nos économistes ont inscrit pour maxime favorite : *Laissez faire, laissez passer ;* maxime qui témoigne si bien de leur profonde incurie, et qu'il serait plus exact de remplacer par celle-ci: *Laissez piller, laissez voler, laissez mentir.* Les gouvernemens se portent garans des exactions du Commerce, dont ils ne sont eux-mêmes que les satellites, sans s'apercevoir d'aucune façon qu'ils marchent ainsi directement à leur propre ruine. N'est-ce pas, en effet, au fléau du mercantilisme qu'est due la première cause de l'endettement et de la chute des États, surtout dans les sociétés modernes? N'est-ce pas le mercantilisme qui a déterminé la Révolution française? N'est-ce pas encore lui qui a favorisé celle de juillet? Et ne voit-on pas qu'il en amènera bien d'autres si l'on n'y porte une prompte attention?

Le Commerce tel qu'il s'exerce aujourd'hui a donc pour résultat de perdre les capitaux dans le gouffre de l'agiotage, en les détournant de l'Agriculture et des Manufactures, au grand détriment de toutes les classes de la société, puisqu'il fait augmenter la valeur vénale des produits d'une manière disproportionnée avec leur valeur réelle. C'est par le mercantilisme que les États se trouvent obérés, car, ne pouvant percevoir d'impôt que sur les produits, qui déclinent sans cesse de qualité ou de quantité, ou qui ne peuvent s'écouler malgré le dénûment croissant du peuple, ils sont forcés de recourir aux emprunts et de se faire serviteurs des dépositaires infidèles de la fortune publique. Ceux-ci ne s'étant pas fait faute de les ruiner, sont devenus par là les véritables souverains occultes des peuples et des gouvernemens, à tel point que la cote de la bourse est le thermomètre de la politique nouvelle, le signe mensonger de la tranquillité ou de la prospérité publique, et que du milieu de ce temple impur les nouveaux pontifes de l'agiotage ne font rendre que les oracles les plus favorables à leur cupidité.

Il faut bien s'attendre ici que les amis du Commerce vont s'écrier : Mais ignorez-vous donc les immenses services que le Commerce a rendus à l'humanité? C'est le Commerce qui associe pacifiquement les nations, et les enrichit; c'est lui qui, sillonnant les mers de ses flottes chargées de produits, porte jusqu'aux nations barbares et sauvages la richesse et la civilisation.

Certes je suis loin de nier l'influence du Commerce sur le développement des nations; mais néanmoins il n'y a pas lieu d'en savoir aucun gré aux commerçans, qui ne sont dans tous les cas que d'aveugles instrumens de la Providence, et dont la bienfaisance, toujours très-intéressée, consiste à étendre à tous les peuples leurs rapines et leurs exactions.

Sans doute c'est le Commerce qui doit lier les nations, et loin d'être immense, ainsi que le proclament les têtes étroites de ses admirateurs, il n'est point le centième de ce qu'il devrait être; mais, pour associer véritablement les peuples et les individus, il faut que le Commerce établisse entre eux des relations qui soient véridiques et non point mensongères.

§ IX.

Nous pensons avoir mis suffisamment à découvert la plaie de la société, et en avoir dit assez pour que l'on comprenne que c'est par la RÉFORME INDUSTRIELLE, uniquement et exclusivement, qu'il est possible d'arriver, sans troubles ni froissemens, à toutes les autres améliorations sociales.

Quant au vice radical de l'ordre industriel proprement dit, nous n'en avons pas encore parlé d'une manière spéciale, parce qu'il était moins pressant de le signaler; mais il consiste entièrement dans le morcellement et la concurrence des familles de travailleurs; morcellement qui s'oppose également au développement de la production et aux grandes économies, puisque, d'une part, il ne permet pas la combinaison des efforts, et que de l'autre il donne lieu à une immense complication de ressorts et par suite à une grande déperdition de la force et de la richesse sociales. Nous ferons mieux sentir ce vice radical en parlant du régime d'industrie sociétaire de M. Ch. Fourier, qui le fait disparaître.

Nous avons montré la double cause de la décadence de la France, qui tient d'une part au vice du système familial et morcelé, et d'autre part à l'absence complète de toute systématisation régulière du travail social, et au funeste mécanisme du Commerce.

Nous répéterons encore qu'un tel état de choses menace des plus grands dangers, et que le développement du Commerce en dehors de toute direction sociale, entraîne les conséquences les plus désastreuses et tend à priver les gouvernemens de leur plus solide appui, qui est la propriété territoriale.

CHAPITRE III.

INFLUENCE DE LA RÉVOLUTION FRANÇAISE ET DE LA RÉVOLUTION DE JUILLET SUR LA CRISE SOCIALE.

§ I.

Examinons, par forme de délassement, l'influence de la Révolution française et de la révolution de juillet sur l'état actuel de la France. On sait comment la première fut amenée par la philosophie du XVIIIe siècle, qui, voyant bien le mal exister, en chercha le remède précisément où il ne fallait pas le chercher. Elle s'empara du mouvement d'antagonisme et de désorganisation produit par Luther deux siècles auparavant, au nom de la liberté, pour en déduire simplement des principes et des formules au nom desquels la France fut horriblement ensanglantée.

Pas un philosophe ni un réformateur ne s'est aperçu que le mal résidait principalement dans le mercantilisme que favorisait le morcellement, et ils ont renversé la Noblesse et la Royauté, victimes elles-mêmes des financiers et commerçans. Tous disaient bien : Il faut changer l'ordre de la société, il faut la liberté. Aucun ne donnait le moyen véritable d'y arriver, et qu'il aurait fallu chercher avant de renverser; mais loin de faire disparaître le vice radical de la société qui consiste dans le morcellement industriel et l'isolement des familles, ils l'ont au contraire augmenté par le partage des propriétés. Toute leur science s'est donc bornée à critiquer et à renverser la Féodalité, en s'appuyant de la république romaine, beaucoup plus rétrograde qu'elle.

La révolution de 89, en brisant la féodalité, en détruisant virtuellement la famille dans sa base, et dans son principe conservateur, a donc ébranlé jusqu'en ses fondemens tout l'édifice social. Les révolutionnaires furent conséquens en abolissant la Monarchie qui se trouve hors d'unité avec la famille républicaine à héritage collectif; et, en attaquant directement la propriété, dont le partage était devenu indispensable pour satisfaire le peuple déchaîné, ils s'étaient placés forcément sur le terrain de la question principale de toute organisation sociale. Mais néanmoins, arrivés là, ils n'ont pas su aller plus loin, ils n'ont su que démolir en aveugles sans savoir remplacer : ils n'ont rien su bâtir que d'éphémère. Leur impuissance à cet égard vient non-seulement des principes faux ou mal définis sur lesquels ils s'appuyaient, et de leur mauvaise manière de procéder pour élever un édifice social, mais surtout de ce qu'ils ont repris comme élément social celui de la famille individuelle et isolée.

En effet, si l'on prend pour point de départ l'élément social de la famille isolée, quelque chose que l'on fasse, on arrive invinciblement, si l'on est logicien et qu'on veuille établir l'unité de l'État, sans laquelle il n'y a point de stabilité possible, à reconstruire la féodalité dans toute sa pureté, avec la monarchie comme couronnement de l'édifice; tout comme, partant de la famille monarchique, on arrive invinciblement à la famille féodale pure. C'est ce qui explique l'inévitable tendance de tous les gouvernemens qui se sont succédés depuis la révolution, à rétrograder en Féodalité, car l'état féodal est la combinaison la plus parfaite de la famille individuelle et isolée.

D'un autre côté, si l'on prend pour même point de départ l'élément de la famille isolée pour l'appliquer à la forme dite républicaine, supposons qu'on se soit entendu sur ce que c'est qu'une république, on arrive directement à la république romaine, moins l'esclavage direct peut-être, mais toujours avec le PROLÉTARIAT.

Il faut apprendre aux républicains, pour leur gouverne, que l'état féodal est plus favorable à l'amélioration réelle du sort des prolétaires que l'état républicain, parce que l'état féodal autorise légitimement l'existence du fermage et loyer, qui est déjà un premier moyen d'émanciper le travailleur direct. Il est vrai qu'il faut autoriser en même temps l'oisiveté des grands propriétaires par rapport à l'administration et à la régie de leurs biens et du travail produtif. Dans l'état républicain, au contraire, il faudrait établir en principe l'activité des grands propriétaires dans la même administration et régie du travail productif, parce qu'une république pure ne saurait s'appuyer sur des hommes qu'on pourrait accuser d'être oisifs et inutiles à la société : il faudrait qu'elle s'appuyât sur les chefs des travaux essentiels. En conséquence, il n'y aurait pas lieu d'autoriser légalement le fermage et le loyer : ce serait donc diminuer les conditions d'émancipation des prolétaires ; car ce qui a surtout favorisé, quoique faiblement, l'indépendance des travailleurs productifs et directs, depuis la Révolution, c'est beaucoup moins le principe de liberté que l'extension du fermage et loyer, et l'augmentation du nombre des colons partiaires ou petits fermiers, par suite de la division des propriétés. Mais la masse des prolétaires, ou salariés, n'a diminué que du petit nombre de prolétaires admis au rang de colon partiaire ou locataire. Cet état de choses est complétement transitoire.

Encore une fois, les idées républicaines n'ont qu'une valeur purement négative par rapport à la féodalité, elles n'ont par elles-mêmes aucune valeur d'organisation. Assurément, le principe d'indépendance et de liberté a l'avenir pour lui, mais un principe n'est pas une organisation sociale.

Napoléon sentit parfaitement la situation des choses et le chaos des institutions républicaines en s'emparant de la république. Aussi reconstruisit-il la Monarchie et rétablit-il aussitôt la Religion ; il serait arrivé infailliblement ou à reconstituer la Féodalité, car il était logicien, ou à changer complétement la base de la société, si la guerre lui en avait donné le loisir. C'est donc aveuglément qu'on lui a reproché d'avoir détruit la république; il n'y avait pas moyen de faire autrement, ou il fallait changer l'élément organique et reconstituer entièrement la société sur base nouvelle, en vertu d'un système social nouveau; mais ce n'était pas en temps de révolution et de guerre qu'un aussi grand travail pouvait s'opérer.

Ce que Napoléon ne sut point voir ni détuire, ce fut le mercantilisme, cause principale de sa perte.

Il regardait le Commerce comme sa vache à lait, mais il ne se demandait pas sur quels herbages elle broutait. Cependant il fit, par instinct, bonne justice des philosophes, moralistes, politiques et autres idéologues modernes, qui sont aujourd'hui les protecteurs déclarés du Commerce. Il est fâcheux qu'il s'en soit tenu là.

La division des propriétés à la révolution française, l'abolition des maîtrises, et l'entière liberté accordée au mercantilisme, avaient beaucoup favorisé son développement; et Napoléon, qui voulait l'étouffer en Angleterre, en combattant son monopole par son système continental, ne s'aperçut pas que c'était par la France qu'il fallait commencer : si Napoléon n'avait point fait cette faute, sa dynastie régnerait encore sur la France, et peut-être sur le monde entier.

§ II.

Mais de tous les gouvernemens qui se sont succédés depuis la chute de la monarchie sous Louis XVI, celui qui fut le plus conséquent et le plus logicien, quoiqu'il fût assurément le plus mal éclairé sur les besoins nouveaux et la tendance de la société; celui qui comprit le mieux la composition de l'organisme social qu'il était chargé de conserver, le plus *capable* enfin, en fait de science politique et administrative, en prenant toujours pour base l'élément de la famille isolée, ce fut le gouvernement de Charles X. Cela va beaucoup étonner sans doute, mais cela est vrai; car il a marché le plus directement possible à replacer la société actuelle sur sa base naturelle, afin d'en arrêter la chute. Néanmoins nos aveugles critiques n'ont pas manqué de prodiguer sans aucun discernement à Charles X, les épithètes les plus injurieuses lorsqu'il a été tombé; celle d'imbécile même ne lui a pas manqué: or, il n'était pas plus imbécile que ceux qui l'ont ainsi qualifié.

Charles X a-t-il eu une conscience nette de son œuvre, et en a-t-il bien jugé la portée? C'est ce que j'ignore; mais toujours est-il que lui et ses conseillers comprirent très-bien l'institution à la tête de laquelle il se trouvait placé. La tentative imprudente qu'il a faite pour la reconstituer n'a pas tant prouvé son despotisme que sa maladresse. Ceux qui le blâment ou qui lui ont succédé, le flatteraient peut-être à présent s'il avait réussi. Et s'ils eussent été à sa place, eussent-ils fait mieux? On peut en juger par ce qu'ils font aujourd'hui.

Charles X a été très-aveugle en ce qu'il n'a pas vu que, dans l'état actuel des choses, il n'était pas possible de reconstruire l'ancienne féodalité, puisque d'abord les grandes propriétés sont disséminées. En second lieu, il n'a pas suffisamment compris que l'édifice féodal, eu égard au développement de la France, est trop étroit pour la contenir.

Charles X, qui a très-bien vu que le système social était gravement altéré, n'a pas vu assez clairement que la cause profonde et cachée de cette altération provenait de l'introduction dans la société de la grande industrie, et surtout du mercantilisme, qui la domine sans se montrer ostensiblement, mais qui a pour organe les fausses sciences politiques et économiques qui se rattachent à la philosophie moderne. Il n'a donc pas distingué le parti mercantile et philosophique d'avec le parti populaire, dont il n'est que le faux ami. Il n'a pas vu que le premier s'était affublé du masque du libéralisme pour mieux arriver à dominer; car les libéraux de bonne foi ne s'aperçoivent guère qu'ils sont souvent les chats qui retirent les marrons du feu.

Charles X a donc combattu de front toute l'opposition sans distinction; c'était une grande faute, et, vu l'état des esprits, il aurait fallu une puissance colossale pour l'emporter. Néanmoins Charles X, pour arriver à ses fins aussi pacifiquement que possible, voulut se rendre maître, par la fraude, des élections. C'était fort peu loyal; mais comme il ne voyait que ce moyen ou celui des coups d'état, il préféra d'abord le premier, qu'il jugea le moins dangereux.

En attaquant par les élections, Charles X voulait arriver à déposséder le parti mercantile et philosophique ou libéral de son importance politique, et éliminer d'abord les patentés, pour rendre au parti de l'aristocratie nobiliaire, ou de la grande propriété, toute son importance sociale, vers laquelle le double vote était un acheminement : par là il subalternisait l'aristocratie mercantile et financière, qu'il méprisait souverainement, et qui n'est qu'une fausse aristocratie, puisqu'elle ne doit son élévation qu'à la spoliation du corps social. Mais pour combattre corps à corps le mercantilisme, ce nouveau minotaure des sociétés modernes, il faudrait être un nouveau Thésée, et avoir de plus un fil conducteur pour ne pas s'égarer : or, Charles X n'était pas un Thésée : néanmoins il n'a pas craint de lutter, il n'a pas voulu transiger : Charles X, suivant nous, a agi honorablement.

Ce qui a manqué à Charles X, ce fut de savoir séparer nettement le vrai libéralisme du faux libéralisme, représenté par le commerce, qu'il fallait attaquer indirectement en le cernant dans un système de garanties pour prévenir la société contre ses dévastations ; le prendre enfin par famine. Il fallait détacher du parti mercantile et philosophique tous les chefs du parti populaire, qui n'ont aucun intérêt commun avec lui ; séparer le général Foy de M. Casimir Perrier ; faire arriver aux emplois le premier, qui n'aurait pas tardé à n'avoir aucune sympathie pour le dernier, qu'il aurait fallu repousser, et Charles X a fait le contraire. Il aurait fallu opérer en même temps des améliorations populaires aux dépens du mercantilisme ; mais, pour cela, il fallait des connaissances et de l'habileté politique qui ont manqué au gouvernement de Charles X, trop préoccupé de controverse constitutionnelle. Cependant il y eut un homme d'un talent assez distingué pour commander cette manœuvre, et qui tenta une première attaque avec le 3 pour 100 : ce fut M. de Villèle, le seul ministre capable que nous ayons eu depuis la restauration jusqu'à présent. Mais les aveugles libéraux du parti populaire, au lieu de s'entendre avec lui, n'ont point eu de repos qu'ils ne l'aient renversé.

§ III.

Qu'est-il donc résulté de tant de renversemens? et à quel bonheur cela nous a-t-il conduits? N'en est-ce point assez enfin pour montrer que les révolutions n'entraînent que la chute des sociétés? Il est facile de voir maintenant que la nôtre est dans un cercle vicieux, dans une fausse voie, dont elle ne peut se tirer sans quelque main puissante, sans quelque nouveau moyen.

C'est ainsi que la Révolution française, opérée par la philosophie et le mercantilisme, et qui fut aussi purement philosophique et mercantile, a accéléré rapidement le mouvement de décadence sociale. La convulsion de juillet, opérée par ce qu'on appelle bien faussement le libéralisme, et qui n'est, en réalité, sous une autre forme, que le philosophisme et le mercantilisme, n'a amené qu'un terrible accroissement du malaise social et un découragement complet dans toute la société. Et il est facile de juger maintenant que la révolution de juillet n'a eu pour résultat positif que l'intronisation de la philosophie, appelée aujourd'hui doctrinarisme, et du mercantilisme, traînant à leur suite tous les autres fléaux.

Eh quoi! dira-t-on, l'avenir n'est plus dans la féodalité, et il n'est pas dans la république? Non!

Il est inutile d'examiner s'il est dans le système dit représentatif ou parlementaire qui nous régit, car c'est un système bâtard qui n'a pas une seule condition de durée.

Et maintenant où se trouve-t-il? Je réponds qu'il se trouve dans l'ordre sociétaire qu'il faut substituer à l'ordre morcelé ou agglomération par familles isolées. Faut-il détruire la famille? Non certes: la famille est aussi éternelle que l'Humanité, mais il faut élever la famille de l'état d'isolement à l'état d'association. Dieu ayant fait les hommes pour vivre en société, il n'a pu vouloir que les familles vécussent isolées.

Il faut asseoir la société sur une base nouvelle. La base des sociétés humaines c'est l'association domestique, le ménage. Le ménage n'a compris jusqu'à ce jour qu'une seule famille. Pour former une société nouvelle, il faut constituer un nouveau ménage par la réunion d'un nombre déterminé de familles, associées en travaux agricoles et manufacturiers. C'est, nous le répétons, cette réunion sociétaire renfermant tous les âges, employant tous les caractères et toutes les facultés, qui formera le nouvel individu social de l'humanité : nous ferons connaître dans la suite le code qui doit la régir.

Nous montrerons comment, à l'aide de ce nouvel élément générateur, on peut arriver à constituer des nations et établir l'unité politique du Globe.

CHAPITRE IV.

IMPUISSANCE RADICALE DES POUVOIRS ET DES PARTIS EN FAIT D'AMÉLIORATIONS SOCIALES. INSUFFISANCE DES INSTITUTIONS ET DES MOYENS PROPOSÉS.

§ I.

Depuis plus de quarante ans la France est en proie aux révolutions et aux partis, qui se la disputent et qui la gouvernent tour à tour sans aucun résultat pour son bonheur et sa stabilité. Souvent même ces partis se succèdent ayant aggravé le mal qu'ils étaient chargés de calmer, laissant après eux la triste inquiétude d'un avenir encore moins fortuné. Jusqu'à présent il n'est pas un seul d'entre eux qui ait su réaliser les améliorations sociales ou populaires qu'il avait promises, ou qu'on était en droit d'espérer par son avénement au pouvoir : aussi n'est-il pas un seul pouvoir qui ne se soit dépopularisé avec une effrayante rapidité, car il est, pour les masses populaires, un moyen certain d'apprécier le mérite de leurs gouvernans, moyen plus infaillible que les prétendues garanties de la légalité constitutionnelle : c'est par le bien-être réel qu'elles en reçoivent, ou par la continuité des souffrances qu'elles endurent avec d'autant plus d'impatience que le développement de leurs besoins, de leurs désirs, leur rend leur misère plus insupportable, et que les efforts qu'elles ont faits pour s'en délivrer leur ont donné droit à une meilleure destinée.

La désaffection populaire suit rapidement cette cruelle déception, et bientôt les trônes, comme des navires sans lest sur l'océan humain, voltigent au gré des tempêtes révolutionnaires, et se brisent sur les écueils que l'aveuglement des monarques leur ont dissimulés.

C'est en vain que l'on crie aux rois que leur plus solide soutien est l'amour des peuples; l'avertissement fait peu fortune. Cependant il savent ce qu'il en coûte pour le négliger: ils n'ignorent pas que lorsqu'un peuple souffre, il devient facilement un instrument de destruction dans les mains d'agitateurs, généreux ou cupides, qui savent le soulever. Il semble qu'aujourd'hui les peuples ne peuvent plus donner le change à leurs cuisantes douleurs, ou donner issue à leurs besoins moraux d'activité, qu'en pulvérisant les trônes.

Les trônes tombent toujours par l'impéritie de ceux qui les occupent; cependant il n'est pas un seul roi, ni un seul pouvoir qui n'ait le plus grand intérêt à la prospérité de la nation qu'il est chargé de gouverner, puisque c'est la condition la plus durable de sa propre gloire et de sa sécurité.

Il est certain que les rois ne font point leurs devoirs envers les peuples ni envers eux-mêmes : des populations entières végètent dans la misère et l'abrutissement, et les rois ne font rien pour les en délivrer. Ils se disent les représentans de Dieu dans l'Humanité; eh! de quel Dieu sont-ils donc les représentans? Ce n'est sans doute pas d'un Dieu de paix, de justice et de bonté; car un tel Dieu n'aurait pas pu vouloir que ses plus belles créatures périssent dans les tourmens et dans les déchiremens continuels de la guerre, de l'esclavage, de la misère et de la pauvreté. Non, Dieu n'est pas coupable d'une pareille impiété, et il nous a destinés à un avenir plus heureux; il s'agissait donc de trouver les issues qui devaient y conduire, et il était du devoir des rois de les faire rechercher; car les devoirs, comme le dit M. Fourier, sont toujours proportionnels aux moyens; et puisque les rois ont la puissance en main, pourquoi n'en font-ils pas usage en faveur des peuples au lieu de la tourner contre eux?

Sans doute les rois ignorent complétement comment on peut améliorer d'une manière effective le sort des peuples qu'ils sont chargés de gouverner; mais, puisqu'ils ont des académies de savans à leur solde, pourquoi ne les obligent-ils pas à rechercher les voies du bonheur social que le Créateur a dû nous préparer? A quoi servent donc les académies?

Si les rois étaient assez épris d'amour pour l'Humanité et qu'ils eussent fait procéder avec ardeur et persévérance, même dans leur intérêt, à la recherche des causes du mal qui dévore nos sociétés, et dont ils sont souvent les premières victimes, ils eussent été conduits à une importante découverte. Ils auraient vu que le mal réside dans le mercantilisme, ou commerce mensonger, hideux serpent qui séduit d'abord les nations et qui ne les laisse arriver à une certaine grandeur que pour les envelopper plus facilement de ses replis multipliés, ne les quittant que lorsqu'il les a complétement étouffées (1).

Mais par quel aveuglement philosophique, au milieu du chaos de nos sociétés, va-t-on toujours chercher des améliorations précisément là où il ne faudrait point les chercher? Toujours des attaques au pouvoir, toujours des attaques au clergé; voilà le *nec plus ultrà* de nos réformateurs; c'est toujours à contre-sens qu'ils procèdent pour organiser une société, c'est par le couronnement qu'ils veulent commencer l'édifice au lieu de le commencer par le pied. « Le tort de la science, dit M. Fourier, est de s'être » engagée depuis 3,000 ans dans les controverses » administratives qui ne servent qu'à exciter des » troubles. »

Si les rois et les gouvernemens ne peuvent faire le bien qu'il serait de leur intérêt d'opérer, c'est assurément parce que les institutions au sommet desquelles ils sont placés, et qu'ils sont chargés de faire observer, puisque leur devoir est d'être conservateurs des intérêts sociaux que ces institutions garantissent; c'est, dis-je, que ces institutions sont complétement

---

(1) Laocoon et ses enfans périssant dans les étreintes du serpent sorti du Ténédos, est l'emblème frappant des rois et des peuples victimes du commerce mensonger.

insuffisantes et entachées d'un vice radical qui doit les faire suspecter. C'est donc en dehors d'elles qu'il faut chercher un moyen de salut, mais il ne s'ensuit pas qu'il faille commencer par les renverser, il faut au contraire les conserver jusqu'à ce qu'on puisse les remplacer sans compromettre aucun des intérêts qu'elles garantissent.

§ II.

Montrons maintenant l'impuissance des pouvoirs et des partis en fait d'améliorations sociales. Nous avons déjà vu qu'ils n'avaient point su apporter de remède aux nombreux abus qui subsistent aujourd'hui; on est bien en droit d'en conclure qu'ils n'ont aucun moyen d'amélioration ni d'organisation du travail social, aucun moyen d'augmenter la richesse des États, condition sans laquelle il n'est pas possible d'arracher les peuples à leur misère.

Que peuvent faire aujourd'hui tous les pouvoirs constitués, et en particulier les deux premiers, celui de la chambre des Pairs et celui de la chambre des Députés, pour réorganiser la société? Rien. L'expérience l'a bien prouvé; car, par la nature de leur composition et l'esprit de leur institution, ils ne peuvent que surveiller le pouvoir gouvernemental, et examiner s'il ne porte pas atteinte aux intérêts de leurs commettans par les lois qu'il propose, ou se faire arbitre entre des intérêts en divergence, et toujours perfectionner des institutions qui ne peuvent fournir par elles-mêmes aucun moyen d'amélioration. Ces pouvoirs sont donc réduits au rôle d'examinateurs et n'ont pas d'autre mission que de se montrer favorables ou contraires aux projets qui leur sont présentés, mais par eux-mêmes ils ne peuvent rien améliorer d'une manière fondamentale.

La France se divise en trois partis politiques : celui qui est au pouvoir aujourd'hui est précisément, par sa nature, le moins susceptible d'introduire des améliorations sociales ; et puisqu'il y va de son intérêt le plus pressant et de sa propre sécurité, il est donc clair qu'il n'en a aucun moyen. D'ailleurs que peut-il faire ? Perfectibiliser ce qui existe, régulariser l'action administrative, maintenir l'ordre, faire la police. Ce ne sont pas là des améliorations.

Le parti déchu de la légitimité n'a pas non plus les moyens d'améliorations radicales, sans quoi il en aurait fait usage lorsqu'il était au pouvoir, puisque c'est précisément parce qu'il n'a pas su améliorer qu'il a été renversé. D'ailleurs il ne s'est jamais constitué le représentant des intérêts populaires et ne s'est point donné pour tâche de les favoriser. Dans l'examen des moyens proposés, nous verrons quelle est la valeur de ceux auxquels il se montre aujourd'hui favorable.

Le parti républicain, ou parti du mouvement, est celui qui déclare vouloir marcher en avant. Il propose en conséquence le plus de moyens d'améliorations sociales, et surtout populaires. Comme il n'a pas encore été au pouvoir pour les mettre à exécution, et en démontrer l'efficacité par la pratique (je passe sur la révolution française), il convient de les examiner d'une manière spéciale et de faire voir qu'ils ne conduisent à aucune amélioration réelle ou notable.

Et d'abord sa politique d'amélioration consiste uniquement dans une politique de déplacement. C'est toujours prendre d'un côté pour mettre de l'autre; diminuer le bien-être et les droits du riche pour augmenter le bien-être et les droits du pauvre. Or toute politique de déplacement est essentiellement révolutionnaire: on n'a pas le droit de prendre à ceux qui possèdent sans les indemniser ou sans qu'ils y consentent librement. La société rejette aujourd'hui la loi du sacrifice, et vouloir l'imposer serait une tyrannie; il faut y convertir, et ce n'est point la mission des républiques, c'est la mission des religions; encore les religions qui auraient désormais à demander le sacrifice des biens terrestres seraient-elles peu écoutées.

Abordons, pour commencer, le problême le plus important à résoudre aujourd'hui : celui de l'amélioration des classes populaires et des travailleurs positifs de la société.

C'est une chose dont on parle beaucoup, mais dont on s'occupe fort peu en réalité; quoique ce soit le seul moyen d'atteindre le but que la Charte s'était proposé, de fermer l'abîme des révolutions.

Plaçons-nous d'abord au centre de la question qui domine toutes les améliorations populaires, et qui consiste principalement dans la richesse sociale ou le produit. Il ne faut pas craindre de le redire : sans l'augmentation du produit, il n'y a aucun moyen d'amélioration populaire possible en quoi que ce soit; et bien que les moralistes prétendent que c'est dans le malheur et la pauvreté que se développe la vertu, néanmoins le malheur et la pauvreté ne conduisent l'homme qu'au vice et à la corruption, car il n'y a pas de vertu possible sans richesse et sans bien-être, sauf de très-rares exceptions.

La richesse sociale de la France, le revenu brut de son travail, s'élève, avant le prélèvement de tout impôt, à la somme de six milliards trois cent millions de francs; c'est-à-dire que la quantité générale du produit correspond à cette somme. Le chiffre de la population est de 32,250,000 habitans. Or, supposons que le revenu soit également réparti sur le chiffre de la population, il en résulterait que chacun aurait net 54 centimes à dépenser par jour, c'est-à-dire qu'il pourrait déplacer sur le lot général du produit une quantité équivalente à 54 centimes; mais vu l'inégalité des fortunes et le prélèvement de l'impôt, il se trouve que 22 millions et demi d'habitans sont réduits à vivre avec la somme moyenne de 30 centimes par jour, et qu'ils doivent, avec cette somme, subvenir à leurs besoins de toute nature, se nourrir. se vêtir et se loger.

Qu'on réfléchisse à ce que représente en nature une somme de 30 centimes par jour; qu'on se demande s'il est possible que l'homme vive avec ce modique revenu, et s'il y a là moyen d'améliorer la condition du peuple. C'est donc le produit ou la richesse sociale qui est insuffisante. Car, quelles que soient les savantes combinaisons qu'on puisse faire sur le revenu de 54 centimes (réduit à 30 pour le peuple), on ne saurait imaginer la splendeur et le bien-être d'un peuple ainsi doté.

Il est donc de la plus grande évidence qu'on ne pourrait arriver à des améliorations populaires tant qu'on n'aurait pas trouvé le moyen d'accroître considérablement la richesse sociale, ou le produit, et c'est ici surtout que se fait sentir au premier abord la grande valeur du Régime sociétaire de M. Fourier, dont l'un des premiers avantages positifs est de quadrupler le produit. Tous les moyens d'améliorations populaires qui ne rempliront pas cette première condition sont des moyens illusoires et révolutionnaires.

§ III.

Et maintenant quels sont les grands moyens positifs que proposent les hommes du mouvement, les hommes politiques et les journalistes qui se constituent les défenseurs des intérêts du peuple et qui veulent améliorer sa condition? Sauf quelques réformes administratives peu importantes, leur grand spécifique est de faire accorder au peuple d'insignifians droits politiques dont il n'a que faire, car le peuple est bien plus pressé d'avoir une nourriture saine et abondante, de bons vêtemens, des logemens salubres, et surtout du travail, le premier de ses droits, que de nommer son maire ou son adjoint, voire même son sous-préfet.

Un autre grand moyen, c'est la suppression des impôts qui pèsent sur le peuple; lesquels impôts seraient naturellement reportés sur le riche; car, en fait d'améliorations populaires, tous les représentans du peuple ne s'élèvent guère plus haut: c'est toujours de la politique de déplacement. Nous ne nions pas qu'on puisse faire une meilleure répartition des charges publiques, mais cela augmentera-t-il la richesse sociale?

Un troisième grand moyen proposé, c'est la réduction du Budget. Sans doute le Budget actuel est hors de proportion avec la richesse sociale; mais alors que ne cherchez-vous le moyen, pour rétablir la proportion, d'augmenter la richesse elle-même? cela remplirait encore mieux le but; car, si vous aviez trouvé le moyen de quadrupler le produit, il est clair que le Budget qui est aujourd'hui de plus d'un milliard, ou le sixième du produit, pourrait être par exemple porté à deux milliards très-facilement, et qu'il ne serait alors que du douzième du produit, ce qui réduirait, comme vous le voyez, les impôts de moitié.

Mais accordons qu'on puisse faire sur le Budget une réduction d'un milliard; la concession est, je pense, assez large, et n'ayons aucun égard au nombre considérable de fonctionnaires qu'il faudrait mettre sur le pavé, ce dont les amis du peuple s'inquiétent fort peu, attendu qu'ils ne sont pas tenus d'être les amis des fonctionnaires, bien qu'ils soient les amis du commerce qui spolie le peuple.

Supposons qu'on répartisse ce milliard aux vingt-deux millions et demi de Français à 30 centimes : il arrivera que leur revenu sera élevé à 40 centimes. Je laisse à penser aux amis du peuple l'immense amélioration qui pourrait en résulter.

Mais, dira-t-on, avec une économie d'un milliard on pourra entreprendre de grands travaux de communications ;

Construire des édifices et embellir les villes de rues neuves largement percées ;

Donner de l'instruction au peuple ;

Encourager les arts ;

Établir des banques de crédit ;

Ranimer les Manufactures et l'Agriculture ;

Enfin faire fleurir le Commerce.

Nous allons examiner successivement ces divers moyens, en commençant par le dernier : *faire fleurir* le Commerce ; parce que c'est celui sur lequel on insiste le plus, et qui semblerait être le dernier terme de toutes les améliorations.

Apprenons premièrement aux chaleureux amis du Peuple et du Commerce que tous ces moyens d'amélioration, loin d'apporter aucun adoucissement au sort des masses populaires, sont DIRECTEMENT contraires à leur bien-être réel ; que ce ne sont que des PÉJORATIFS dont le résultat définif est d'éloigner de plus en plus du but qu'on se propose; car une des singulières propriétés de l'ordre civilisé ou régime morcelé, c'est de tourner en causes de désastres tous les efforts que l'on fait pour les éviter.

S'il était possible que le Commerce pût reprendre en France un grand développement d'activité et de prospérité avec son système de libre concurrence et de friponneries, on verrait la misère du peuple s'augmenter dans la même proportion, et l'horrible plaie du paupérisme s'étendre en France avec une effrayante rapidité. Je n'en veux pour preuve que l'exemple de la Grande-Bretagne, le foyer du Commerce et du Paupérisme tout à la fois. Ce sont précisément les villes les plus riches et les plus commerçantes qui contiennent le plus grand nombre d'indigens et de populace famélique. Voyez nos grandes villes commerciales et manufacturières de France : Paris, Lyon, Rouen, Lille, où le nombre des malheureux dans le dénûment est en raison directe de l'importance commerciale de ces villes. La raison en est que, plus le produit augmente, plus cela donne lieu ensuite à l'augmentation de la classe parasite qui le consomme, et à l'extension des spéculations.

De sorte qu'en définitive le peuple ne peut profiter de l'accroissement du produit. Et quand bien même on élèverait le salaire de l'ouvrier, on n'augmenterait pas son bien-être réel, car la valeur vénale du produit augmenterait dans la même proportion. Il paraît même que dans cette augmentation des prix, il n'y a pas proportion pour l'ouvrier, puisqu'en Angleterre on est obligé de rétablir l'équilibre par le moyen indirect de la taxe des pauvres.

Sans doute il est de la plus grande urgence de donner un grand développement à l'industrie agricole et manufacturière ; mais il faut avant tout les prémunir contre les dévastations du Commerce; car plus on voudra donner d'activité à l'Agriculture et aux Manufactures, plus ces deux branches d'industrie seront pillées par les corsaires mercantiles qui s'empareront toujours des produits et matières premières, en opéreront la rareté ou la hausse à leur fantaisie, et ruineront toujours le producteur et l'ouvrier.

Ne cessons de le répéter, le Commerce, tel qu'il s'exerce aujourd'hui, est le plus mortel ennemi de l'Agriculture et des Manufactures, par conséquent des travailleurs utiles. M. Fourier rapporte que l'Empereur, visitant un jour les beaux établissemens de M. Oberkampf, les admira tant qu'il détacha sa croix pour la donner à ce dernier. Deux ans après il vint rapporter sa croix à l'Empereur en lui disant qu'il ne pouvait lutter contre les menées du Commerce, qui élevaient les matières premières à un taux si vexatoire qu'on était obligé de fermer les ateliers et renvoyer sans travail des légions d'ouvriers.

Passons à l'institution des banques de crédit.

Établir des banques de crédit, c'est encore un moyen de plus pour les financiers de faire produire leurs capitaux par le monopole, et nous savons ce que c'est que de faire produire des capitaux. Néanmoins, nous convenons que l'établissement des banques de crédit peut favoriser beaucoup l'industrie agricole et manufacturière, par conséquent la production, mais il ne favoriserait pas sensiblement les producteurs directs. Ce serait au corps social ou à l'État lui-même à fonder ces banques de crédit, dans le but principal de faire la concurrence sociétaire, ou réductive, afin de lutter contre les spéculateurs et accapareurs, ainsi que M. Fourier l'avait lui-même proposé dans son traité de 1822. Il dit dans ce traité, à propos de ces banques :

« Divers sophistes, bien intentionnés sans doute, » ont depuis peu d'années publié quelques écrits sur » une branche subalterne d'association.

» Ils se sont tous trompés dès le titre; car ils ont » pris pour superlatif du lien sociétaire un rameau » très-minime qui ne tend qu'au fermage et au mo- » nopole de grande industrie, lien qu'il faudra nom- » mer *concentration actionnaire*.

» La concentration actionnaire associe les chefs, et » non les coopérateurs; c'est un régime assez spécieux » qui débute brillamment et se recommande par de » grandes et utiles entreprises; telles sont en maté- » riel le canal Calédonien; en politique la compagnie » anglaise des Indes.

» Mais où tend cette opération? Quelle serait son » influence lorsqu'enfin généralisée, elle aurait en- » vahi ou livré à des compagnies actionnaires toutes » les branches d'industrie? Je dis TOUTES, car si » ces compagnies ne connaissent pas encore le moyen » de réduire l'Agriculture en monopole de traitans et

» sous-traitans, elles le découvriraient bien vite ; *l'ap-» pétit vient en mangeant* : puis profitant d'un instant » de guerre et de pénurie, elles entraîneraient les » gouvernemens à cette concession.

» Alors s'organiserait une fédération de monopoles » gradués et affiliés, un avénement en féodalité com-» merciale. »

Encourager les beaux-arts n'est encore qu'un nouveau moyen de développer le besoin de luxe et de bien-être sans pouvoir le satisfaire. C'est ce qu'a très-bien compris J.-J. Rousseau, qui voulait les bannir ; car, en civilisation, ils sont contraires aux bonnes mœurs des peuples, dont il serait plus sensé d'amortir les désirs, ainsi que se le proposait le clergé catholique.

Donner de l'instruction au peuple. Mais pourquoi faire? C'est donc pour qu'il apprécie de plus en plus sa triste position et qu'il se révolte! Les partisans de la féodalité sont bien plus conséquens que nos prétendus réformateurs en voulant maintenir le peuple dans l'ignorance. Cela ne fait pas l'éloge de leurs sentimens, mais cela fait l'éloge de leur logique, et sur ce point il faut convenir qu'ils l'emportent de beaucoup sur leurs antagonistes.

Embellir les villes. Ce n'est pas là produire, et rien n'est plus contraire au bien-être matériel du peuple qui est forcé de s'entasser de plus en plus dans les grabats infects, à mesure qu'on diminue la quantité de ces grabats. Voyez à Paris si les constructions neuves sont louées, et si c'est le peuple qui peut les occuper. Ses misérables habitations ne sont-elles pas encore trop chères pour lui? Vous allez peut-être imaginer de diminuer les loyers: certes voilà qui est bien trouvé. Mais il faut toujours que les loyers soient dans la proportion du capital dépensé, et d'ailleurs c'est toujours prendre d'un côté pour mettre de l'autre : vous ne connaissez que ce moyen.

Enfin attaquons le dernier retranchement, celui des grands travaux de communication, après quoi nos fournisseurs de moyens positifs se trouveront au bout de leurs expédiens : nous verrons si, dans cet état, ils iront jusqu'à se proposer eux-mêmes comme moyen d'amélioration, ainsi que l'ont fait M. Enfantin et ses disciples (1).

Etablir de grandes communications, ce n'est pas le moyen initial des améliorations réelles et immédiates, ce n'est pas encore là produire ce qu'il y a de plus nécessaire à la vie; on ne se nourrit pas de chemins de fer et de canaux. Ce n'est pas établir de nouveaux rapports entre les travailleurs, ce n'est pas changer les conditions du travail pénible et rebutant qui exténue les classes pauvres. Les grandes communications ne sont qu'un moyen très-indirect et excessivement

(1) Il serait inutile, sans doute, d'examiner le beau moyen indiqué par M. Dupin l'aîné, qui consiste à exciter les riches à la dépense et à la profusion. Un savant moderne a dit quelque part : « En vain prétend-on que le luxe des riches anime la circulation et fait vivre le pauvre; c'est un mensonge effronté, puisque le pauvre meurt de faim à l'entour des palais. »

lent d'améliorations; souvent ce n'est qu'un moyen très-illusoire et quelquefois funeste, quand ce n'est point une nouvelle perte de capitaux, et presque toujours il produit l'effet contraire de ce qu'on en attendait.

Le but des grandes communications est assurément d'établir des relations entre les producteurs, et de faciliter l'échange des produits en opérant en même temps la baisse des frais. Mais premièrement ce n'est point au profit des producteurs, travailleurs utiles et consommateurs que cette baisse a lieu; c'est toujours au profit du Commerce et des spéculateurs, qui maintiennent les prix aussi haut que la concurrence le permet, et aujourd'hui les concurrens commencent à s'entendre pour ne plus s'écraser. Néanmoins ce sont les fonds des travailleurs et propriétaires qui font les frais, et nous avons vu que plus on active le mouvement des produits, plus le commerce en profite, plus le corps mercantile grossit.

Secondement où sont donc les immenses produits à transporter en France? Est-il bien certain que les communications établies soient très-insuffisantes pour le transport de 6 milliards et 1/2 de produits, et faut-il faire encore pour un sixième de frais de communications? Est-il certain que le produit augmentera dans la même proportion? Mais admettons qu'il en soit ainsi et qu'on fasse une économie de 500 millions sur les frais de transport (ce qui est encore fort difficile), quelle amélioration en résultera-t-il? Il arrivera d'abord ce qui arrive par l'introduction d'une machine nouvelle, c'est de donner congé à beaucoup de bras qui seront devenus inutiles, et léser beaucoup d'autres intérêts existans : donc nouvel accroissement des malheureux. Dira-t-on que ce sont des bras rendus à l'Agriculture ? mais cela est faux, puisque les capitaux se détournent chaque jour davantage de l'Agriculture, qui reste privée de tout encouragement ; et puis quand vous pourrez transporter vos produits avec une merveilleuse facilité, où trouverez-vous beaucoup d'acheteurs ? Sera-ce parmi les 22 millions de Français à 30 centimes ?

Admirons la duplicité d'action sociale qui arrive par le fait des nouvelles communications : d'une part on emploie d'immenses capitaux pour établir ces nouvelles communications, et comme l'intérêt payé sur l'argent est toujours prélevé sur le produit, il en résulte qu'on fait une économie d'un côté pour faire de l'autre une dépense équivalente et souvent supérieure, car toutes les communications ne rapportent pas toujours le taux ordinaire du capital. En outre, ces communications étant souvent établies à côté ou parallèlement à d'anciennes, on compromet tous les intérêts riverains de ces dernières (1).

---

(1) L'Etat ne devrait jamais faire de concession de travaux publics ; cela est très-contraire à ses intérêts, car c'est toujours l'Etat qui finit par rembourser à la longue le prix des communications, et les concessionnaires font les bénéfices. Or, l'Etat aurait plus de profit à emprunter la somme nécessaire à l'exécution des travaux, en payant l'intérêt au taux ordinaire, et placer ces fonds en communications, de manière qu'à l'aide des péages ils lui rapportassent un intérêt supérieur ; il aurait ainsi un moyen direct d'amortissement du capital emprunté. En un mot c'est l'Etat qui devrait avoir le monopole des grandes communications, si toutefois ce monopole doit exister.

Mais, diront nos grands économistes et nos grands politiques, les communications sont la cause première de la production et de la richesse des États. S'il en est ainsi aujourd'hui, c'est un renversement des choses naturelles; les grandes communications ne peuvent jamais être considérées comme la cause initiale et directe, comme le principe de la production; elles ne peuvent jamais être que la cause secondaire, que la conséquence de la prospérité publique, que le complément d'un système d'association; car supposons que les habitans de plusieurs cantons agricoles combinent leurs efforts de telle sorte qu'ils produisent beaucoup, qu'ils accumulent beaucoup de richesse; vous verrez qu'ils auront bientôt ouvert des communications pour échanger leurs produits. Or, s'ils commencent par établir les communications avant de produire, c'est procéder complétement en sens inverse et dépenser des capitaux qu'on ne possède pas encore, et qu'il faut emprunter. Il faut que l'établissement des communications se combine avec les moyens de production. D'ailleurs on ne retire jamais d'amélioration fondamentale ni immédiate de grands travaux de communication faits en vue d'une production future. Si les communications activent les relations, elles n'en changent pas la nature. Il est certain cependant qu'il manque beaucoup de communications en France, mais le plus pressé n'est pas de les établir.

Nous ne nions pas assurément l'influence des grandes communications sur le développement général des sociétés, mais néanmoins elle a lieu par un effet contraire aux prévisions des économistes et législateurs, effet qu'ils ne savent peut-être pas s'expliquer eux-mêmes. Et si les grandes communications opèrent bien dans un certain sens, d'une autre part elles concourent en sens contraire du bien-être intime, moral de la société prise collectivement, et surtout des classes pauvres ; car les grandes communications, établissant entre les hommes des relations qui donnent naissance ou qui développent leurs désirs et leurs besoins de luxe et de bien-être, éveillent en même temps en leur ame une idée de grandeur sociale qui leur fait sentir péniblement leur détresse, à laquelle ils n'avaient pas songé auparavant, et comme les grandes communications n'augmentent jamais la richesse dans une proportion convenable, les populations restent sans moyens de satisfaire ces désirs et ces besoins qu'ils ne peuvent plus ne pas avoir. Il en résulte pour l'homme un malaise qui va croissant, et qui le jette dans la mélancolie et le découragement : autre cause de misère sociale. C'est pourquoi les nations civilisées arrivent toujours en définitive à la tristesse et à l'abattement qui proviennent du contraste des grandes idées et des grands désirs avec la petitesse des moyens de satisfaction. Les idéologues politiques, gens fort aveugles de leur nature, s'appliquant exclusivement à développer les idées au lieu de rechercher les moyens de satisfaire aux besoins de toute nature qu'elles engendrent, contribuent ainsi, d'une manière certaine, à amener les maladies sociales et les convulsions qui font mourir les sociétés. Certes, ils seraient bien coupables s'ils savaient ce qu'ils font.

En résumé, les grandes communications ne sont qu'un moyen lent, indirect et très-douloureux de conduire les nations à la richesse et à la splendeur. L'Angleterre, qui possède beaucoup de grandes communications, est une preuve convaincante de ce fait, puisque, malgré sa splendeur et sa richesse, les classes populaires sont plongées dans la misère et les souffrances. Aussi l'Angleterre est-elle obligée de payer une taxe de 200 millions à titre de soulagement aux pauvres ; et encore la position de ces pauvres est très-déplorable. Leur nombre s'accroît au point qu'on renouvelle de temps en temps le projet d'exporter au loin, comme du bétail inutile, cette exubérance de population dont on se débarrasse le plus souvent qu'on le peut.

Sans doute on ne saurait contester la splendeur de l'Angleterre, et il serait à souhaiter que tous les États pussent y atteindre; seulement il est singulier qu'elle soit contraire au bonheur des populations; ce qui indique sans nul doute qu'elle est entachée d'un vice radical et profond. D'ailleurs ce n'est point l'Angleterre qui fait les frais de sa propre splendeur, ce sont toutes les nations des divers continens, où elle étend, à l'aide de son astucieuse politique, les exactions de son monopole insulaire (1).

(1) Si Napoléon s'y était mieux pris dans son blocus continental, on aurait vu s'évanouir, comme par enchantement, cette splendeur de l'Angleterre.

Or la France n'est pas dans une situation pareille à celle de l'Angleterre, et elle n'a pas les mêmes moyens pour arriver aux mêmes résultats, lesquels seraient encore plus désastreux pour elle; c'est une raison de plus pour renoncer aux grandes communications, et chercher un moyen plus direct d'amélioration. Les grandes communications s'établiront ensuite.

§ IV.

Il nous reste à montrer l'insuffisance des Institutions qui nous régissent, et la vanité des moyens proposés pour les améliorer où les remplacer.

Quant aux Institutions, la tâche est facile; mais elle serait longue si l'on voulait se perdre en vagues discussions de métaphysique constitutionnelle : c'est ce que nous éviterons soigneusement.

Il convient de commencer par la Charte.

Premièrement la Charte n'organise nullement le travail social, et ne fournit aucun moyen de l'organiser ni de reconstituer la société; mais passons.

Ou la Charte est un pacte suffisant pour régir la nation, assurer ce qu'on appelle le règne des lois dont elle est la loi suprême, et satisfaire à tous les besoins de la société, et alors elle est de sa nature inviolable;

Ou la Charte est un pacte insuffisant, et ne con-

L'Angleterre est, par rapport aux autres nations, dans une situation analogue à celle de Rome ancienne, qui devait sa somptuosité aux dépouilles des pays conquis par ses armes, car sa propre richesse ne pouvait y suffire, avec cette différence que c'est par le monopole que l'Angleterre fait ses conquêtes et ses exactions.

tient pas en elle-même tous les moyens de conciliation qui doivent assurer la paix publique; ne satisfait pas par conséquent à tous les besoins et à tous les intérêts; ne pourvoit pas aux circonstances exceptionnelles qui peuvent se produire, et alors elle est violable même pour la sûreté de l'État; car si un événement quelconque conduit à sa violation, c'est qu'elle est insuffisante et ne répond pas à tous les besoins, ne satisfait pas à toutes les conditions, et alors c'est une erreur funeste de s'y tenir.

Dans les deux cas il faut poser en principe l'inviolabilité, l'infaillibilité du monarque placé à la tête de l'institution; il n'y a pas à reculer, puisque si la Charte est inviolable, elle garantit les droits du monarque chargé de l'interpréter; et si elle est violable pour le salut de l'État, le monarque ne doit pas en être victime. S'il en est ainsi, Charles X a été détrôné arbitrairement, injustement, ou la Charte n'est qu'une vaine fiction. Si la Charte n'est qu'une fiction, les institutions qui en dépendent se trouvent singulièrement compromises. Mais nous ne traiterons point cette question. Nous nous bornons à dire :

Les institutions de la France ne conduisant pas la société sur la voie du bonheur public, n'établissant pas de garanties de stabilité, et ne donnant lieu qu'à de vaines discussions qui entraînent à de nouvelles perturbations; en un mot ne portant que des fruits amers, sont mauvaises et entachées d'un vice originel et radical, car c'est par les fruits que l'arbre doit être jugé.

§ V.

Les grands moyens d'organisation politique proposés par les divers partis, et notamment par nos réformateurs, montrent encore leur complète inhabileté. Quant à leurs intentions, nous admettons qu'elles sont bonnes.

Nous n'avons à nous occuper avec détail, ainsi que nous l'avons déjà dit, que du parti de la république ou parti populaire, parti du mouvement. On sait que le parti de la légitimité, ou de la grande propriété, désire le retour aux institutions du passé, non parce qu'elles sont absolument dans ses mœurs, mais parce qu'il ne voit ailleurs aucune garantie d'ordre et de stabilité. Les petites concessions de droits populaires qu'il consentirait d'octroyer sont purement accessoires.

Quant au parti philosophique et mercantile, son intention ne paraît pas être d'avancer. Ce parti est nommé fort mal à propos parti du juste milieu, puisqu'il faudrait, pour mériter ce nom, qu'il fût le représentant des intérêts moyens des deux autres partis, et c'est ce qui est loin d'avoir lieu, attendu que c'est précisément le contraire.

La tendance de ce parti est vers le passé : c'était la Restauration *parlementaire* ou forme anglaise, qui lui convenait exclusivement, en ce qu'elle était très-favorable aux rhéteurs, avocats et idéologues qui n'étaient jamais obligés de mettre en œuvre leurs idées. Ceux-ci doivent la regretter vivement et désirer au fond de la reconstituer avec la monarchie, car il n'est pas dans la nature de ce parti de régner ostensiblement et ouvertement. Il ne peut manquer de se trouver fort mal à son aise de tenir en main le pouvoir.

Tant que les philosophes, ou autres idéologues, peuvent pérorer et élucubrer de sublimes raisonnemens à la faveur desquels ils élèvent de sublimes utopies, ils sont triomphans; mais du moment que vous les amenez à faire preuve de capacité sur le terrain glissant de la réalisation, ils sont décontenancés et vaincus complétement; tout comme le mercantilisme devient honteux de lui-même quand on l'oblige à se montrer au grand jour. Aussi quand la philosophie et le mercantilisme arrivent à la suprématie, on peut dire hardiment que leur règne est fini; mais cet avénement à la suprématie est un grand symptôme d'agonie pour une nation.

Le plus beau titre de gloire du parti dit du juste-milieu, qui du reste ne propose rien, est de vouloir aujourd'hui faire quitter le terrain de la politique pour s'occuper des intérêts matériels. On doit lui en savoir gré, car les discussions politiques ne peuvent mener à aucun bon résultat.

Revenons au parti républicain ou du mouvement. C'est le seul dont on ait à s'occuper sérieusement. Il croit que l'avenir est à lui : il faut donc porter la hache dans ses illusions, afin de l'en faire revenir.

Ce parti s'abuse complétement sur la portée de ses doctrines, quoi qu'il en dise. Il ne rêve qu'élections populaires, administrations populaires, chambres populaires, gouvernement populaire; enfin il semble qu'il n'y ait plus dans le monde que des intérêts populaires. Avec tout cela il n'est pas plus à même que d'autres de réaliser ses promesses s'il était au pouvoir. Et si on voulait l'embarrasser grandement, il suffirait de lui mettre en main les rênes de l'État pendant quelque temps : il aurait bientôt subi l'impopularité.

Ainsi l'utopie des républicains de toutes les nuances et qualités, c'est toujours la République; mais cette fois-ci c'est une république qui ne ressemble à rien de ce qu'on a vu dans le passé, c'est une république nouvelle, et agréable sans doute.

Veut-on avoir un modèle de cette république : prenez le gouvernement américain, voilà le magnifique point de mire de nos hommes du mouvement, l'État-modèle pour les républicains français. Mais en Amérique comme ailleurs (peut-être un peu moins qu'ailleurs), la fortune de l'un ne se fait-elle pas par la ruine de l'autre? L'aisance d'un chef de famille ne dépend-elle pas du nombre d'enfans que lui donne le hasard? Là aussi n'y a-t-il pas des voleurs, des pauvres, des meurtriers par besoin? N'y a-t-il pas l'égoïsme imperturbable du commerçant, sa fraude et son mensonge obligés, s'il veut vivre et faire vivre sa famille? C'est, en un mot, l'Europe commerciale sur une moins grande échelle, mais voilà tout, et il ne faut pas croire que si la misère y est moindre, cela soit dû à la forme de son gouvernement : au fond les germes de mort sont les mêmes, seulement il lui reste à vieillir et à se peupler. De Maistre disait en parlant des États-Unis : « C'est un enfant au maillot, laissez le grandir. » Il paraît que les hommes du mouvement n'ont pas le temps d'attendre.

Cependant, il est certain que dans la situation actuelle des choses, ainsi qu'on pourrait le démontrer, le gouvernement américain ne convient en aucune manière à la France, et que, s'il pouvait être transporté en France tel qu'il est, il n'aurait peut-être pas deux ans de durée. Il faut ne pas avoir une grande connaissance en science sociale pour ne pas s'apercevoir que le gouvernement américain, issu d'une ligue populaire, suscitée par l'esprit mercantile qui voulait s'affranchir du monopole de l'Angleterre, pour former un nouveau foyer de monopole, un nouvel entrepôt, n'est aussi qu'un gouvernement mal organisé, où tout est en question perpétuellement, comme partout, et que ses conditions d'existence sont purement locales. Les États-Unis sont tout aussi éphémères que les autres États civilisés, puisqu'ils sont également établis sur la base étroite de la famille isolée, et du morcellement. Mais admettons que ce gouvernement repose sur quelques bons principes, il reste toujours à les systématiser d'une manière stable, et c'est là le difficile.

D'une autre part le gouvernement américain est atteint autant que tout autre du ver rongeur du mercantilisme, et il n'est pas nécessaire d'avoir visité les États-Unis pour être certain, *à priori*, que l'égoïsme et le mensonge doivent y régner en toutes relations.

On admire généralement que le gouvernement américain n'ait pas de dettes publiques. Eh bien! c'est encore une raison de plus pour rendre son existence éphémère; et quoique les dettes publiques soient réellement un fléau, elles sont indispensables au soutien des gouvernemens incohérens de nos sociétés civilisées. Ces gouvernemens sont tellement vicieux que les dettes nationales ou l'absence de dettes sont deux causes qui les mènent également à leur ruine. Ainsi, par exemple, si l'Angleterre et la France n'avaient pas de dette nationale, elles seraient bientôt bouleversées, parce que ces gouvernemens ne seraient pas appuyés par de nombreux intérêts que leur chute peut compromettre. De même si la dette nationale s'accroît, les misères qu'elle traîne à sa suite sont une nouvelle cause de bouleversemens. Tel est le cercle vicieux de tout organisme social à base de morcellement, qu'il ne saurait offrir aucune garantie de stabilité.

Il semble que nous soyons à présent en verve d'engouement pour le gouvernement américain, comme à la suite de 1814, nous étions arrivés à l'admiration pour le gouvernement anglais, qui devait séduire beaucoup le parti philosophique et mercantile. Comment se fait-il donc que nous cessions de l'admirer aujourd'hui, et que nous passions de l'anglomanie à l'américanisme? Cela prouve bien le vide de nos têtes réformatrices, qui ne savent que copier et imiter servilement ce qu'elles voient chez les voisins.

Nos chaleureux anglomanes du commencement de la Restauration n'avaient que l'Angleterre à citer; ils ne se sont pas seulement doutés que l'Angleterre est de toutes les nations celle dont le déclin social est le plus avancé, car elle est engrenée en double féodalité nobiliaire et mercantile. Or cette dernière féodalité est un caractère certain de décadence sociale que le bill de réforme ne peut qu'accélérer, car il mène à la chute de la féodalité nobiliaire. La noblesse anglaise elle-même a beaucoup favorisé ce mouvement, en faisant la singulière sottise de prendre pour trône un ridicule sac de laine. Que n'a-t-elle fait asseoir la chambre basse sur un sac de pommes de terre? Enfin, pour en revenir à nos anglomanes et à nos américomanes, disons que ce sont de très-braves gens, sans doute, mais qui ne comprennent pas un mot à ce qu'ils admirent.

§ VI.

Voyons quel est le principe le plus large des institutions républicaines et américaines, qui n'organisent ni ne peuvent jamais organiser le travail social.

C'est le principe de l'élection générale ou de la souveraineté populaire, ou enfin, pour varier, le gouvernement du pays par le pays. Nous ne chercherons pas à expliquer en quoi consiste une souveraineté populaire où tout le monde est souverain, même ceux qui meurent de faim, ni ce que c'est que le gouvernement du pays par le pays, mots vides s'il en fut jamais, et que nous avons fait de vains efforts pour comprendre, ne pouvant imaginer comment un pays peut se gouverner tout seul. Le fait est que les principes républicains ont pour but de déplacer les pouvoirs et changer leur nature; car je ne sache pas qu'on ait trouvé le moyen de les supprimer. Il s'agit donc de les reconstituer.

Or, messieurs les républicains et américains, nous admettons le principe de l'élection populaire aussi largement que vous le voudrez. Maintenant comment entendez-vous le régler? Car vous savez qu'un principe n'est rien par lui-même, s'il ne passe dans l'application. Entendez-vous d'abord supprimer toutes les conditions de l'électorat? Ne faut-il plus aucun cens? et quel sera l'âge de l'électorat et de l'éligibilité? vous n'êtes pas entre vous très d'accord sur ces deux points. Si vous apportez ici une limite quelconque, je vous défie d'éviter qu'elle ne soit complétement arbitraire. Maintenant, faudra-t-il que tout un peuple ignorant et grossier vienne nommer son roi, ses députés, ses pairs, ses ministres? car, en bonne logique, pourquoi des exceptions? Croyez-vous enfin que ce peuple souverain, accablé de misères, ne se laissera pas corrompre?

Mais ce n'est pas tout. Vos élections seront illusoires, quelque parfaites qu'elles puissent être, si vous ne déterminez pas exactement les qualités requises pour être bon roi, bon ministre, bon magistrat, bon député, bon pair de France, bon administrateur; et si vous n'indiquez pas clairement le but qu'ils doivent atteindre pour le plus grand bien de la société : sans quoi tout est encore remis au hasard et à l'intrigue. D'où il faut conclure que vos principes d'élections générales, en les supposant même très-bons, ne sont dans vos mains que des principes vagues dont vous ne savez rien tirer pour améliorer le sort des masses.

Mais, Messieurs, puisque vous voulez des droits politiques pour tout le monde, comment se fait-il donc que vous n'en réclamiez jamais pour les femmes? Les femmes ne peuvent-elles pas voter? Depuis une éternité vous déclamez sur les droits de l'homme que vous ne connaissez même pas, et vous ne parlez jamais des droits de la femme. Est-ce que la femme est une vile créature qui ne mérite pas votre attention, et qui est tout au plus bonne pour écumer le pot, raccommoder vos bas, et soigner vos marmots? Les femmes ne sont donc rien dans votre ordre social et politique?

Vos droits d'élection politique, que vous croyez bien larges, sont encore fort étroits, comme vous voyez; car en principe, il ne peut y avoir dans aucune des directions de l'activité humaine et du travail social, un seul individu, quel que soit son sexe ou son âge, qui ait le droit d'en diriger un autre, sans avoir été préalablement choisi ou accepté librement par l'individu dirigé. Ce principe est absolu.

Si nous n'avions d'autres moyens de salut que dans les élections populaires, certes, nous serions fort à plaindre.

De leur côté, MM. les Rédacteurs de la *Revue Encyclopédique*, qui doivent être les plus avancés de tous les républicains, par cela seul qu'ils ont passé par le saint-simonisme, ont proposé aussi pour moyen de salut une représentation des prolétaires. Il n'est pas difficile de voir que ce remède est complétement illusoire; car d'abord, quels seront les représentans des prolétaires? Que peuvent faire pour les prolétaires des représentans nommés par eux, quelque parfaits et quelque bien intentionnés qu'ils soient? Ils viendront énumérer avec détail les souffrances des prolétaires et insister sur la nécessité de les faire cesser. Qui en doute, et que nous apprendront-ils de plus? Or, l'assemblée réunie, il s'agira de chercher, dans un ordre social nouveau, ces moyens d'améliorations, et c'est toujours revenir au même point, car c'est là toute la question : *Trouver les moyens d'améliorer le sort des prolétaires.* Il ne s'agit plus que de la résoudre, et une chambre des prolétaires ne peut pas y travailler avec fruit, ou ne pourrait employer que des moyens de déplacement. Il serait plus raisonnable de proposer, à cet effet, une commission de savans positifs, ainsi que l'avait fait Saint-Simon, votre ancien maître.

Ces moyens consistent exclusivement dans l'organisation du travail social, dans la systématisation de l'activité humaine. Or, produisez donc votre système, vous n'avez pas besoin pour cela d'avoir recours à une représentation des prolétaires qui sera réduite elle-même à cette recherche sous beaucoup de chances de succès, car ce n'est pas par la discussion, mais par la méditation qu'on élabore ses idées d'organisation ou qu'on arrive aux découvertes. En proclamant la nécessité d'une représentation des prolétaires, vous confessez, Messieurs, votre insuffisance en fait d'améliorations sociales, vous donnez votre démission. Cela est au moins sincère.

Pour reconnaître la loyauté de ces messieurs, avertissons-les d'une grave erreur dans laquelle ils sont tombés : c'est de s'appuyer, pour établir un ordre social, sur le principe de l'égalité, car ils ont pris pour devise : LIBERTÉ, ÉGALITÉ, ASSOCIATION. Or rien n'est plus directement contraire à la liberté et à l'association que l'égalité, c'en est l'antipode; et il n'y a ni liberté ni association possible avec l'égalité, qui ne se concilie pas plus avec *liberté* et *association* que *bonheur* avec *infortune*, *maladie* avec *santé*. D'ailleurs, l'égalité n'est pas : elle n'existe dans aucun des règnes de la Nature, dans aucune des parties de l'Univers, attendu qu'il y a ordre hiérarchique et unité dans l'Univers, et que l'ordre et l'unité ne sauraient se concevoir avec l'égalité. Si l'on ne peut nier l'ordre et la hiérarchie, je défie qu'on puisse prouver l'égalité, car *hiérarchie* et *égalité* sont contradictoires et s'excluent l'une l'autre. L'égalité ne peut être tout au plus conçue qu'abstractivement et seulement comme moyen de faciliter le raisonnement.

Vous entendez vraisemblablement, Messieurs, par égalité, le droit imprescriptible que doit avoir chacun de se placer dans la société suivant ses mérites? Mais on ne peut apprécier réellement le mérite que par des œuvres; en conséquence, il faut que l'ordre soit tel qu'il facilite à chacun tons les moyens possibles d'en accomplir. Or, il faut que vous sachiez que ce n'est point là l'égalité : c'est purement et simplement le DROIT AU TRAVAIL.

L'égalité a été déduite faussement du principe de la fraternité humaine proclamé par Jésus-Christ; car ce principe n'implique nullement l'égalité. L'Église catholique, pour fonder son dogme et en déduire sa morale, a dû prêcher l'égalité de l'homme devant Dieu, mais devant Dieu seulement; et malgré cela c'est encore là une des erreurs fondamentales du Catholicisme, car les hommes ne cessent jamais d'être inégaux devant Dieu comme devant la société.

L'erreur fondamentale du dogme catholique a été acceptée par la philosophie, qui n'y regarde pas toujours de très-près, et qui bâtit ses innombrables systèmes sur de faux principes à l'aide desquels elle arrive à mille absurdités. Au moins le Catholicisme avait eu le sens de placer l'égalité dans le ciel; mais les philosophes n'ont rien vu de plus sublime que de la faire descendre sur la terre, et on sait tout le sang que ce chef-d'œuvre a fait verser. On ne peut en vouloir aux philosophes, car personne ne leur ayant appris que ce principe était faux, ils ne pouvaient pas le deviner.

§ VII.

Par une étrange singularité, les représentans du parti populaire qui ne rêvent que garanties, et qui cernent le pouvoir avec une précaution extrême, n'ont néanmoins jamais pensé à établir des garanties contre les spoliations du corps mercantile qui ruine le peuple et qui cause sa misère. Cependant c'était là surtout qu'il fallait chercher des garanties. Il ne leur est jamais venu à l'idée de proposer contre les monopoles et les accaparemens du Commerce un système de concurrence réductive que M. Fourier a depuis long-temps indiqué, et à l'aide duquel on pouvait faire un contrepoids aux malversations du Commerce. Mais non, ils ne lèvent pas les yeux de dessus le pouvoir : on serait tenté de croire en vérité qu'ils le convoitent et que libéralisme n'est qu'un moyen pour y arriver.

Comment se fait-il donc aussi que le parti républicain, qui prétend savoir organiser, ne se soit pas encore aperçu qu'il y avait, dans l'institution du Jury, le principe d'une vaste organisation sociale, et qu'on peut l'introduire dans le système abâtardi de la féodalité sans rien bouleverser? Cette institution offrirait cependant de grandes garanties.

Au lieu de chercher la pondération des pouvoirs, ce qui est encore une fiction (car, vouloir pondérer les pouvoirs, c'est les paralyser l'un par l'autre), il fallait constituer tous les pouvoirs avec le système du Jury universalisé. Il fallait d'abord déterminer la nature des trois grands pouvoirs, de l'État, puisqu'on en veut absolument trois.

Ainsi, on serait arrivé à reconnaître :

1° Que le pouvoir populaire ou la chambre élective, devait être le pouvoir initiatif, et devait se composer de tous les chefs et directeurs des travaux essentiels du corps social.

2° Que le pouvoir gouvernemental, restant naturellement le pouvoir exécutif, devait se composer des administrateurs généraux et fonctionnaires publics, dont le rouage aurait pu être beaucoup simplifié.

3° Que le troisième pouvoir devait être le pouvoir arbitral, et se composer des grandes notabilités sociales, des principaux savans des sciences exactes, des grands propriétaires, des ex-ministres, ex-députés. Ce pouvoir devait être le pouvoir essentiellement législateur. Cependant il aurait pu également prendre le rôle initiatif en déférant l'arbitrage à l'un des deux autres pouvoirs.

Il aurait fallu que ces trois pouvoirs, qu'on juge nécessaires, eussent une existence permanente, un noyau perpétuel qui ne cessât de les représenter; car on ne voit guère la raison pour laquelle le pouvoir exécutif est abandonné à lui-même pendant un certain temps, puisqu'il peut se produire des circonstances inattendues qui nécessitent le besoin de consultation.

Le pouvoir exécutif se serait composé du Roi, des ministres et principaux chefs d'administration, et il lui aurait été adjoint, à titre de jurés, tout le conseil d'État, composé d'hommes compétens, choisis par le pouvoir sur des listes de candidats. Ce conseil d'État aurait décidé des questions posées en fait de moyens d'exécution.

Le pouvoir initiatif se serait composé, comme noyau permanent, d'un certain nombre de membres pris parmi les industriels, savans, agronomes, etc., d'un certain ordre, et dont on aurait déterminé les conditions d'éligibilité et de renouvellement. A ce noyau, formant le tribunal de l'industrie, puisque c'est principalement l'industrie agricole et manufacturière qui compose les travaux essentiels de la société, on aurait adjoint des jurés en telle quantité qu'on aurait jugée convenable, et qu'on aurait pu renouveler périodiquement, pour ne point léser leurs intérêts par de longues absences. Ils auraient eu également des conditions d'éligibilité déterminées, sans se restreindre au cens; car il faut des hommes compétens pour juger des affaires sociales. On aurait dressé une liste générale de candidats pour chaque circonscription; parmi ces candidats, les électeurs auraient fait leur choix.

Le pouvoir arbitral aurait eu pour noyau permanent les grands propriétaires payant un certain cens, les principaux chefs de l'industrie, les premiers savans positifs de toutes les classes de l'Institut (ils pouvaient être élus par ces classes) et les grands dépositaires de la fortune publique ou banquiers de premier ordre. Enfin on aurait pu déterminer des conditions qui auraient donné le droit imprescriptible de siéger, ou faire élire les différens membres composant le noyau permanent par les candidats de chaque ordre lui-même, ayant droit de siéger. A ce noyau on aurait adjoint un certain nombre de jurés fournis ou désignés, en parties égales, par les deux pouvoirs initiatif et exécutif.

Dans ces trois espèces de tribunaux qui auraient

pu se réunir en un seul et vaste palais, on aurait examiné l'utilité et l'urgence des améliorations à introduire dans la société, et l'on aurait alors appliqué la loi de la nécessité.

Cette organisation se serait répétée jusqu'à la dernière commune de l'État, laquelle aurait eu aussi son administration municipale établie d'après le même mode, afin qu'il y eût unité de système, mais de telle sorte que les affaires qui n'intéressent directement qu'une seule commune fussent décidées par le pouvoir communal, celles d'un arrondissement par le pouvoir de l'arrondissement, celles d'un département par le pouvoir départemental, celles de la province par le pouvoir provincial; et enfin les affaires générales par le pouvoir central. Il n'est nullement nécessaire qu'un arrondissement qui n'a aucun rapport immédiat avec le reste de l'État, envoie un député au pouvoir central; il suffit qu'il l'envoie au chef-lieu de son département ou de sa province.

Par ce moyen, tous les travailleurs essentiels eussent été réellement représentés et eussent été électeurs et éligibles dans la limite de leurs intérêts et de leur importance sociale : rien n'était plus facile que cette organisation qui existe déjà en germe dans l'ordre judiciaire, dans les conseils généraux de département et dans les expositions des Beaux-Arts et de l'Industrie; ce qui prouve que le principe est bon et qu'il est susceptible d'une grande extension.

Notre intention n'est pas d'entrer dans les détails de cette organisation, et d'en dresser le plan régulier;

nous savons d'ailleurs qu'on peut faire encore beaucoup d'autres combinaisons qui seraient sans doute meilleures; mais nous avons seulement voulu faire voir combien nos réformateurs, qui ne sont pas stériles en paroles, sont stériles en idées et en inventions. Ils ne savent même pas faire usage des richesses qu'ils possèdent.

Il faut donc conclure de tout ce qui précède, qu'il n'est aucun parti en France, en y comprenant même le pouvoir, qui soit capable, par sa nature, d'opérer de lui-même la moindre amélioration sociale dans le bien-être réel de le nation ou dans les institutions qui la régissent.

C'est donc en vain, Légitimistes et Républicains, quelle que soit la justice des intérêts que vous représentez, que vous arriveriez de nouveau au pouvoir; une fois que vous y seriez parvenus, vous ne sauriez pas remédier au malaise qui nous consume, et il n'en résulterait aucun bonheur ni pour la société ni pour vous-mêmes. Néanmoins vous êtes les deux seuls partis que l'on doit estimer le plus, quoique vous ayez fait preuve tous deux de beaucoup d'incapacité, en vous laissant supplanter par un parti parasite, par le parti des doctrinaires et des boutiquiers.

CHAPITRE V.

POSITION DU PROBLÈME SOCIAL.

§ I.

Les hommes ayant été crées avec des passions, des facultés et des besoins divers, étant destinés à vivre en société et à développer leur être, le problème social c'est l'ASSOCIATION elle-même, et ses deux conditions essentielles sont la Justice et la Liberté.

Il n'y a donc qu'une seule manière de poser le problème, sauf à perfectionner la formule, dont voici les termes principaux :

Trouver un ordre social tel :

Qu'il fournisse à chaque membre de la société, quel qu'il soit, les moyens de développer librement et intégralement toutes les facultés et passions dont il est doué par la Nature ;

Qu'il satisfasse à tous les intérêts de chaque associé, quels que soient son rang, son sexe ou son âge ;

Que le développement des facultés et passions, et la satisfaction de tous les intérêts et de tous les besoins de l'homme, concourent directement ou indirectement au bien-être et à l'intérêt général de tous les associés ;

Que chaque associé soit rétribué par dividende et non par salaire, en raison de son TRAVAIL, de son CAPITAL et de son TALENT ;

Que tous les associés soient passionnément intéressés au maintien de l'ordre social, et qu'aucun d'eux n'ait de motif plausible de faire à autrui ce qu'il ne voudrait qui lui fût fait.

Il faut de plus que le travail soit rendu attrayant, pour faire disparaître tout esclavage et toute contrainte.

On dira peut-être que la solution de ce problème serait la pierre philosophale. On dira tout ce qu'on voudra ; mais les sociétés humaines ne seront ni heureuses, ni stables, ni constituées, tant que ce problème ne sera pas pleinement résolu.

Objectera-t-on alors que le problème est insoluble? Nous répondons qu'il est très-soluble, et que M. Fourier en a donné la solution complète. D'ailleurs peut-on croire que Dieu, qui a créé les hommes en leur assignant à tous des passions, des facultés et des intérêts distincts, ait omis de fournir le moyen de les harmoniser, de les faire concourir au bien-être de la société? Non, ce serait accuser Dieu d'ineptie. Le moyen existe donc, il s'agissait de le trouver, et c'était, comme le dit M. Fourier, la tâche du génie.

Nous verrons dans un autre chapitre comment elle est accomplie.

§ II.

Le problème social nous amène à parler d'un homme qui en a cherché la solution toute sa vie : cet homme c'est Henri de Saint-Simon, dont le nom s'est beaucoup répandu dans ces dernières années.

Henri de Saint-Simon avait assisté au spectacle sanglant de la Révolution, et voyait que depuis Luther la société se décomposait. Il avait bien compris qu'elle était dans une effroyable crise, et il travailla infatigablement à chercher les moyens de la reconstituer; mais ses efforts n'ont pas eu tout le succès qu'il en attendait.

Saint-Simon avait très-bien compris que la solution du problème social « consiste à ouvrir une route » qui soit commune à l'intérêt particulier et à l'intérêt général, » mais il n'avait pas trouvé cette route. Il avait néanmoins senti très-profondément que l'avenir ne pouvait plus être dans les institutions du passé et qu'il fallait du neuf à l'Humanité. Il avait très-bien compris que depuis Abraham et Inachus jusqu'à Jésus-Christ, et de Jésus-Christ jusqu'à nos jours, la série des mouvemens sociaux était épuisée. Il savait bien aussi qu'il était encore plus inutile de remonter au-delà, et il avait dit, je ne sais plus en quels termes, que ceux qui iraient fouiller dans l'Inde pour y trouver l'avenir de l'Humanité, ne témoigneraient par là que la médiocrité de leur esprit. Il savait bien, ainsi que l'a dit de Maistre, que quand Dieu efface, c'est pour écrire, et qu'il ne se repète jamais. Il avait très-bien compris qu'il fallait se débarrasser des fausses sciences philosophiques, morales et métaphysiques, qui n'ont aucune valeur sociale, et qui ne servent qu'à embrouiller toutes les questions, car ce sont des sciences purement imaginaires qui, n'étant étayées d'aucun principe fixe, varient du tout au tout, selon les différentes apparitions de philosophes et moralistes dans cette sphère si creuse de l'idéologie. Saint-Simon voulait avec raison préluder à l'étude sociale par l'étude scientifique de l'homme, et il voulait la rattacher aux phénomènes de la physiologie, à laquelle il assignait un des premiers rangs parmi les sciences. Il disait : « Il faut que les » physiologistes chassent de leur société les *philo-* » *sophes*, les *moralistes* et les *métaphysiciens*, com- » me les astronomes ont chassé les astrologues, com- » me les chimistes ont chassé les alchimistes. » Néanmoins il tenait compte des progrès réels que ces sciences incertaines ont occasionés.

Pendant long-temps son idée principale fut de rattacher la science sociale aux sciences fixes ou mathématiques, et le but de ses efforts était d'assembler un congrès de savans appelé Conseil de Newton; car il regardait à juste titre Newton comme le savant le plus important de l'Humanité. Ce conseil, qui aurait été présidé par le *mathématicien* réunissant le plus de suffrages, se serait occupé de la solution de toutes les questions sociales. Saint-Simon, qui était un penseur éminemment distingué, avait eu conscience de l'Unité, et il avait compris que l'Univers entier, dans son ensemble et dans ses parties, était soumis à une loi unique; que cette loi était celle de la pesanteur universelle, ou loi de l'attraction, dont Newton avait découvert une branche.

Plus tard Saint-Simon visita l'Allemagne, entreprit des travaux scientifiques pour atteindre son but. Il était enfin arrivé à conclure que c'était par l'Industrie exclusivement que la société devait être réorganisée; il avait encore montré là le grand sens qui le distinguait, car il est certain que l'Industrie est la véritable base des sociétés nouvelles. Mais enfin, Saint-Simon, qui n'était pas fait pour les détails, n'avait rien su organiser, et après des efforts multipliés qui l'avaient réduit à la dernière extrémité, il sentit qu'il ne pouvait porter l'énorme fardeau dont il n'avait pas craint de se charger, et son courage, qui avait toujours été grand, l'abandonna. Le dégoût de la vie survint alors, et il tenta de se suicider. Cette tentative ayant manqué, elle fut l'occasion pour Saint-Simon d'un nouvel ordre d'idées. Il se livra exclusivement aux idées religieuses.

Depuis ce moment Saint-Simon cessa d'être le même, et il ne vit plus de régénération possible pour les sociétés que par la Religion, vers laquelle il avait déjà montré précédemment quelque tendance. Toutes ses idées se tournèrent donc vers ce point, et il écrivit son Nouveau Christianisme, qui n'était pour ainsi dire que l'introduction à sa doctrine religieuse. Il avait promis d'en poser le Dogme fondamental; mais la mort vint l'enlever avant qu'il ait pu donner ce travail, et il est vrai de dire que Saint-Simon avait le défaut d'être un peu libéral en promesses. Quant à sa dernière, celle de poser le dogme d'une religion nouvelle que l'Humanité puisse accepter, je pense qu'il eût été fort embarrassé de la remplir, car son Nouveau Christianisme, qui attaque d'une manière large et puissante le Catholicisme et le Protestantisme, n'est pas néanmoins un ouvrage assez solide pour faire espérer beaucoup mieux: d'abord il avait mal apprécié l'esprit du Christianisme, en ce qu'il lui attribuait la mission directe d'abolir l'esclavage et d'émanciper incessamment la classe la plus nombreuse et la plus pauvre. C'était là une grave erreur: le Christianisme ne s'était jamais proposé d'abolir directement l'esclavage, et saint Paul ne l'entendait pas ainsi lorsqu'il renvoyait un esclave à son maître.

Le Christianisme, ainsi que nous l'avons déjà dit précédemment, n'avait pour but direct que de s'interposer entre l'esclave et le maître, pour adoucir leurs mœurs réciproques. Ainsi le prêtre chrétien avait pour devoir de se placer entre le maître et l'esclave, afin d'empêcher leurs chocs, en devenant ainsi un interprète de conciliation, un arbitre.

Le but du Christianisme, et par suite la mission du Catholicisme, était donc essentiellement et directement pacifique, mais elle n'était émancipatrice qu'indirectement. La fraternité humaine posée en principe par Jésus-Christ et la communion des Gentils n'impliquent nullement l'émancipation de l'esclave ni l'égalité sociale entre les hommes; seulement J.-C. entendait que les hommes, malgré leur inégalité, devaient se considérer comme frères en Dieu.

Néanmoins Saint-Simon, par suite de sa manière

d'envisager le Christianisme, en a tiré la conséquence que le Catholicisme avait pour mission directe de favoriser incessamment l'émancipation de la classe la plus nombreuse et la plus pauvre, en l'arrachant au joug pesant du pouvoir temporel.

A ce point de vue, Saint-Simon, dans son Nouveau Christianisme, avait rappelé vigoureusement le Catholicisme à ses devoirs, et lui montrait qu'il les avait abandonnés en pactisant avec le pouvoir temporel, ou pouvoir de César, qu'il devait moraliser; il avait montré la légitimité de la protestation de Luther, tout en appréciant le Protestantisme à sa juste valeur, qui est purement négative et destructive. De tout cela Saint-Simon avait conclu à l'établissement d'une nouvelle religion, sachant bien qu'une religion tombée ne saurait se relever, et à l'intronisation ultérieure d'un nouveau clergé qui devait s'emparer de la mission que, suivant lui, le Catholicisme avait abandonnée. Plus tard, on a tiré de singulières conséquences de cette idée. (1)

Saint-Simon, en étudiant dans l'histoire le développement des sociétés humaines, avait trouvé que le signe caractéristique de tous les progrès de l'Humanité était l'émancipation graduelle et continue de la

(1) Saint-Simon a pensé que la Religion était le fait dominant, le grand cadre dans lequel devait s'inscrire toute l'activité humaine; que c'était la synthèse de tous les élémens de l'humanité.

Suivant nous, Saint-Simon s'est trompé : la Religion n'est, elle-même, qu'un des élémens de l'activité humaine faisant partie de la synthèse, concourant à l'unité, mais ce n'est point la synthèse, l'unité.

classe la plus nombreuse et la plus pauvre; et il en était venu à poser comme principe fondamental de toute organisation que *toutes les institutions sociales doivent avoir pour but l'amélioration du sort moral et physique de la classe la plus nombreuse et la plus pauvre.* Il avait cru par là donner la vraie formule de la loi de gravitation des sociétés humaines, et avoir établi le principe le plus large qu'il fût possible d'établir; en quoi il s'est singulièrement trompé.

D'abord il ne suffit pas de dire le but que doivent atteindre les institutions sociales, il faut encore en indiquer les moyens, en tracer le plan. Mais il est évident que cette formule, qui résume tous les travaux de Saint-Simon, est purement transitoire, puisque la route commune à l'intérêt particulier et à l'intérêt général une fois trouvée, il s'en suit nécessairement que la classe la moins nombreuse qui gouverne, sera directement intéressée à favoriser le bien-être de la classe la plus nombreuse qui est gouvernée, et dès lors il n'y a plus lieu à établir comme principe social la formule précitée.

En dernière analyse tout ce qu'on peut dire de Saint-Simon, c'est qu'il avait senti profondément qu'il fallait reconstituer la société, et il a amené sur le véritable terrain de la question, mais il n'a donné aucun plan d'organisation, et toute son œuvre se borne à avoir mis la solution du problème social au concours; il n'en avait même pas rédigé le programme en bonne forme, il n'avait indiqué que quelques termes. Il a signalé à peu près le but de la société, mais il n'a donné aucun moyen positif d'y arriver; il a laissé à ses successeurs le soin de les chercher. Nous allons examiner ci-après comment ils s'en sont acquittés, et nous distinguerons, ainsi que le fait le public, leurs idées religieuses de leurs idées d'économie politique.

Saint-Simon n'avait laissé qu'un seul disciple qui trouva des continuateurs à son maître; mais ces continuateurs l'ont fort mal continué. Je n'ai point lu tous les ouvrages de Saint-Simon, quoique moi-même j'aie été saint-simonien; néanmoins je ne crains pas d'affirmer que rien dans Saint-Simon ne peut justifier les nombreuses absurdités qu'on a débitées en son nom, et qu'il est tout-à-fait innocent du ridicule qu'on lui a prêté. Il faut dire, à la louange de Saint-Simon, qu'il n'a jamais été saint-simonien.

§ III.

Après la mort de Saint-Simon, arrivée en 1825, ses successeurs ont entrepris des travaux d'élaboration pour reconstituer la société. Et pour donner suite à la pensée de leur maître, qui avait voulu fonder un nouveau Christianisme, ils ont voulu, par imitation, fonder un nouveau Catholicisme, qu'il s'agissait d'universaliser, et surtout de matérialiser, en l'appliquant à l'Industrie. Cette forme religieuse a été le cadre dans lequel ils ont tenté de systématiser tous les travaux de la société en une organisation sacerdotale.

Dans ce vieux cadre façonné à l'antique, ils ont voulu faire figurer des tableaux nouveaux, et, sans s'embarrasser d'autre chose, ils ont puisé de tous côtés pour le remplir. Les anciens et les modernes ont été compilés, absorbés ou mis à contribution. A l'aide de tous ces travaux de compilation, ajoutés aux idées nouvelles du maître, le Saint-Simonisme est arrivé à formuler ce qu'il appelle son dogme. Or ce dogme, sur lequel repose cette doctrine, est rempli de nombreuses erreurs, et n'a pas la moindre solidité. Il serait facile de le démolir de fond en comble (1); mais cela n'est même plus nécessaire, puisque les conséquences auxquelles il a conduit suffisent pour le juger. Il faut toujours en revenir à ce précepte de l'Évangile : On connaît l'arbre par ses fruits.

Néanmoins le public s'est montré assez favorable pour l'économie politique du saint-simonisme, que nous allons tout à l'heure examiner.

Mais disons préalablement une chose fort importante.

Pendant que le Saint-Simonisme élaborait ses idées ou en cherchait, M. Fourier, qui possède une théorie sur l'art d'associer, se présenta aux saint-simoniens en 1828, et s'offrit pour réaliser sous leurs auspices son plan d'organisation et d'association des travailleurs. Il a donc cherché à se mettre en rapport

---

(1) M. Jules Lechevalier, dans ses leçons sur l'art d'associer, en a montré le vide.

avec les chefs du Saint-Simonisme, en leur adressant son Traité de l'association domestique et agricole, écrit en 1822; lequel traité, sous ce titre modeste, donne la solution des grandes questions qui intéressent l'humanité. Les chefs du Saint-Simonisme, et particulièrement M. Enfantin, soit qu'ils ne comprissent pas suffisamment les idées de M. Fourier, ou qu'ils ne voulussent point de lui pour les réaliser, l'éliminèrent, et cherchèrent même à le ridiculiser; mais par une rencontre fort singulière, il arriva ensuite qu'il n'y eut pas une seule des grandes et bonnes idées du Saint-Simonisme, PAS UNE SEULE, qui ne se retrouve entièrement dans les livres de M. Fourier, et que ce sont précisément les idées puisées dans M. Fourier, quelque défigurées qu'elles soient, qui ont été acceptées par le public et surtout par la presse départementale, tandis que celles de M. Enfantin sont unanimement repoussées.

Ainsi l'idée d'association universelle, dont Saint-Simon n'avait pas parlé, se trouve dans M. Fourier; l'idée de l'affranchissement des femmes, que Saint-Simon avait négligée, se trouve dans M. Fourier, avec cette différence que M. Fourier n'avilit pas et ne prostitue pas la femme pour l'affranchir, ainsi que le fait M. Enfantin. L'idée de la rétribution suivant les œuvres se trouve aussi dans M. Fourier, quoiqu'il n'ait pas la prétention de classer personne, mais il fournit à chacun le moyen de se classer lui-même suivant sa capacité. L'idée de la réorganisation de l'Industrie et de l'émancipation des travailleurs, dont

Saint-Simon avait parfaitement senti la nécessité, est le résultat même du régime sociétaire de M. Fourier, et de plus il donne tous les moyens de réalisation que Saint-Simon ni ses successeurs n'avaient pas su donner, ou qu'ils ont donnés mauvais. En outre M. Fourier atteint le but en favorisant tous les intérêts. Les successeurs de Saint-Simon n'ont pas su le faire, bien qu'ils eussent les ouvrages de M. Fourier entre les mains. L'idée des banques industrielles et communales est due à M. Fourier, mais du moins il indiquait le parti qu'on pouvait en tirer au profit du corps social. C'est encore dans les livres de M. Fourier qu'on trouve l'idée des armées industrielles, de l'héritage fonctionnel, de l'abolition du salaire, etc

L'idée religieuse appartient, comme on le sait, à Saint-Simon lui-même, ainsi que l'idée de l'émancipation de la classe la plus nombreuse et la plus pauvre. Mais il est juste de dire que toutes les idées de prêtres, de passions vives, de passions profondes et passions calmes; de morale, de féodalité sacerdotale et mercantile, de main-morte généralisée, d'abolition de l'héritage, appartiennent à M. Enfantin.

Enfin, le Saint-Simonisme, considéré d'une manière générale, est une grande confusion d'idées larges restant à débrouiller et à définir, car il a soulevé toutes les questions du passé, du présent et de l'avenir des sociétés, mais il n'a su donner d'aucune une solution satisfaisante. Le but signalé par le Saint-Simonisme, et qui l'avait été également par M. Fourier dès 1808, est certainement fort beau, et il n'est pas un seul homme de quelque valeur qui ne veuille s'efforcer de l'atteindre; mais les moyens proposés par le Saint-Simonisme sont fort mauvais. Le tort des saint-simoniens est de ne pas avoir établi d'abord, vis-à-vis du public, une distinction très-nette entre le but et les moyens. Le but pouvait être fixe, et les moyens pouvaient changer indéfiniment; c'est bien ce qu'ils entendaient par l'idée de progrès, mais il restait à savoir et à déterminer ce que c'était que le progrès.

§ IV.

Voyons maintenant la partie dite économie politique du Saint-Simonisme. Comme c'est celle qui a été la plus goûtée, il importe de l'examiner avec quelques détails, afin de désabuser ceux qu'elle aurait pu séduire; car bien que les idées principales qui lui ont donné lieu aient pu être empruntées à M. Fourier, elles ont été néanmoins accommodées à une organisation sociale très-vicieuse, qui conduisait à l'abolition du droit de propriété.

Tout ordre social ne peut être assis que sur la propriété territoriale, cela est incontestable, et le seul mérite du Saint-Simonisme est d'avoir placé la discussion sur son véritable terrain. C'est tout ce que Saint-Simon lui-même a su faire. Mais ses prétendus continuateurs ont fait d'abord une confusion entre la propriété territoriale, ou le sol, et les instrumens du travail : pour eux, c'est une seule et même chose : c'est là une erreur qui a conduit à beaucoup d'autres. Or le sol ne peut être considéré comme l'instrument du travail, ou c'est donner à ce mot une extention abusive, car on pourrait ainsi considérer l'homme lui-même comme un instrument de travail. L'homme et le sol, ce sont les deux agens de la richesse sociale, les deux forces initiales de la production. Les instrumens du travail, c'est tout ce qui sert d'intermédiaire entre l'homme et le sol pour arriver à la production, c'est tout ce qui compose le mobilier du corps social, mobilier dont la valeur s'ajoute également à celle de la propriété territoriale et qui en fait partie.

Cette distinction une fois faite, et la propriété territoriale, avec les instrumens du travail, passant de l'état morcelé à l'état sociétaire, c'est-à-dire, étant considérés comme capital de l'association, il s'agissait d'en constituer socialement à chaque possesseur le titre individuel, et d'établir la relation qui doit exister entre le travailleur qui fait valoir le capital pour s'enrichir lui-même, et le possesseur qui lui en facilite les moyens en le lui confiant. Il fallait établir cette relation de telle sorte que l'intérêt du possesseur et celui du travailleur fussent pleinement satisfaits. En d'autres termes, il fallait savoir combiner et accorder ensemble les deux élémens de la propriété et de la capacité, qui sont depuis tant de siècles en lutte ouverte. C'est là le grand problème devant lequel le Saint-Simonisme a échoué complétement. Ne pouvant le résoudre, il a tranché la difficulté en faisant disparaître l'un des élémens, celui de la propriété individuelle.

Le Saint-Simonisme, pour fonder l'association, a bien posé en principe la socialisation de la propriété individuelle, mais il a établi ce principe de telle sorte qu'il est arrivé directement à l'abolition de la propriété et de l'héritage, dont nous allons parler tout à l'heure, ainsi qu'à l'abolition des fermage, loyer et intérêt du capital. La socialisation de la propriété est, il est vrai, la conséquence naturelle et nécessaire de toute association de travailleurs, puisqu'il n'est pas possible de l'établir sans cela : mais la socialisation n'implique nullement l'abolition de la propriété, et le titre individuel doit être conservé, car le droit de propriété est une condition essentielle de toute association, surtout lorsqu'elle est basée sur le principe de la liberté, et ce droit a pour condition nécessaire celle d'en retirer un avantage individuel ; sans cela il serait illusoire.

D'ailleurs, quelque effort que l'on fasse, quelque combinaison sociale que l'on puisse inventer, il est complétement impossible, au fond, de faire disparaître l intérêt du capital : c'est un *élément indestructible* comme celui de la propriété, et qu'il faut absolument combiner avec les autres élémens de l'association, car le Saint-Simonisme, en abolissant la propriété individuelle pour la constituer socialement et en investir un corps sacerdotal ou gouvernemental, dans le but de faire disparaître l'intérêt du capital, qu'il considérait comme une exploitation du travailleur direct par le propriétaire, ou de la capacité par la propriété, ne marchait non-seulement pas à son but, mais il marchait directement en sens inverse, et serait arrivé, s'il avait pu se réaliser, à percevoir un intérêt énorme sur le capital social qu'il aurait eu entre les mains; voici comment : le corps gouvernemental, ayant pour fonction spéciale de distribuer la propriété et les instrumens du travail au plus capable de les faire valoir, c'est-à-dire de classer incessamment, de moraliser les capacités productives de tous les degrés, avait ainsi une fonction absolument improductive par elle-même, et tout-à-fait parasite. Ce corps improductif et parasite, qui n'aurait pas manqué d'être considérable, aurait dû nécessairement prélever sur le produit la quantité nécessaire pour subvenir à ses besoins de toute nature, sans avoir concouru à sa formation; et, par sa position sociale, il prenait de droit la meilleur part du produit. Or, prélever ainsi sur le produit une quantité quelconque, ce n'est toujours qu'une nouvelle forme sous laquelle on perçoit l'intérêt du capital, avec la facilité d'en augmenter le taux arbitrairement, d'EXPLOITER le travailleur d'une exorbitante manière, comme au temps de l'esclavage que le Saint-Simonisme élevait seulement à l'état religieux.

C'est une erreur très-grave de croire que le progrès des sociétés, relativement à la propriété et au travailleur direct, ait consisté à faire disparaître ou à subalterniser de plus en plus l'élément de la propriété. Ce progrès a consisté, au contraire, à régler de mieux en mieux, à l'avantage même du propriétaire et du travailleur, les relations qui existent entre eux au moyen de l'intérêt du capital; et nous voyons que les pays les plus libres où l'intérêt du capital (fermage et loyer) est consenti plus librement, le propriétaire et le travailleur y trouvent tous deux de plus grands bénéfices. C'est ainsi que la propriété rapporte beaucoup plus en France, en Angleterre et en Amérique, au propriétaire et au travailleur, qu'en Russie, en Prusse, en Pologne. Ainsi, toute révolution ou changement qui a pour but de détruire la propriété où de la subalterniser, au lieu de régler son rapport à l'avantage de tous les intéressés, a pour effet de faire rétrograder les sociétés.

Il était donc absurde de vouloir abolir le capital et l'intérêt du capital, d'autant mieux que les saint-simoniens avaient entre les mains l'ouvrage de M. Fourier, qui a résolu le problème de l'association, en consacrant le droit de propriété dont il fait une des conditions principales de son système social, en conservant l'héritage et la rétribution suivant le capital, terre ou numéraire, c'est-à-dire l'intérêt.

M. Fourier établit également l'association sur le principe de la socialisation libre de la propriété, représentée par titres individuels transmissibles à volonté, et c'est sans doute encore à lui que le Saint-Simonisme a emprunté l'idée de la mobilisation du sol.

Le principe posé par Saint-Simon, que toutes les institutions sociales doivent avoir pour but direct l'amélioration du sort moral, intellectuel et physique de la classe la plus nombreuse et la plus pauvre, a conduit à en déduire, comme conséquence inévitable, le classement suivant la capacité et l'abolition de tous les priviléges de la naissance : de là l'abolition de l'héritage considéré naturellement comme un privilége de la naissance. C'était en effet le point le plus délicat et le plus difficile du Saint-Simonisme, et j'avoue que pendant le temps que j'y suis resté, je ne concevais pas d'autre solution.

Cependant il y avait la solution directement inverse de celle de l'abolition des priviléges : c'était l'extension des priviléges, ce qui est la même chose quant au but et aux résultats en faveur de la classe la plus nombreuse et la plus pauvre, mais ce qui est bien différent quant aux effets et aux moyens. Il fallait donc faciliter à l'homme capable, né pauvre, tous les moyens possibles de développer son activité et toutes ses facultés, de manière à le faire arriver à la richesse et aux dignités sociales. Et puisque le globe peut être exploité par association combinée, il s'agissait de trouver une combinaison telle que les chefs des travaux de la société fussent toujours les plus capables, et que, réciproquement, les plus capables, quelle que fût leur naissance, pussent devenir facilement les chefs des travailleurs, pour le plus grand intérêt même des travailleurs les moins capables, et des possesseurs du capital social. C'est ainsi qu'il fallait résoudre le problème, et que M. Fourier l'a résolu; or, il paraît que les chefs du Saint-Simonisme ne s'en sont pas aperçus.

Le Saint-Simonisme a dit que les instrumens du travail devaient passer dans les mains du plus capable de s'en servir; cela est incontestable. Mais il n'a pas trouvé le moyen de les y faire arriver en favorisant tous les intérêts; et, comme il avait confondu l'instrument du travail avec la propriété territoriale, on conçoit qu'il soit arrivé par une pente naturelle et avec une apparence de justesse à l'abolition de la propriété et de l'héritage pour en opérer la transmission par droit de capacité.

Il est, je pense, fort inutile de montrer le vice de l'organisation communale et des autres moyens transitoires proposés dans l'économie politique de M. Enfantin. Ces moyens sont nécessairement entachés du vice radical du Saint-Simonisme, à la réalisation duquel ils conduisent directement. Et la réalisation du Saint-Simonisme n'est rien autre chose qu'un avénement en féodalité mercantile.

M. Enfantin avait aussi proposé l'abolition de l'amortissement, et avait démontré que, dans l'état actuel des choses, il n'est qu'une fiction. Il est très-certain que l'amortissement aujourd'hui n'amortit rien : M. Enfantin, qui est du reste incompétent en fait d'organisation sociale, n'a pas appris là une grande nouvelle, on l'avait déjà dit avant lui. Mais il ne s'ensuit pas de là qu'il faille abolir le principe de l'amortissement, car les gouvernemens doivent chercher à se liquider; seulement il s'agit d'en trouver le moyen efficace. Nous sommes très-convaincus qu'on ne saurait le trouver en dehors du régime sociétaire de M. Ch. Fourier.

CHAPITRE V.

DU MOUVEMENT, DU DÉVELOPPEMENT ET DE L'AVENIR DES SOCIÉTÉS.

§ I.

Si grand que puisse être le génie dont un homme soit doué, il ne saurait diriger convenablement une société s'il ne connaît l'avenir des sociétés. Il est vrai que tous les grands génies en ont eu le sentiment confus par leur tendance invincible vers l'unité : mais cela n'était point assez pour les guider avec certitude.

Il est indispensable de nous arrêter un moment sur cette question, afin d'en tirer des conséquences politiques et sociales qui serviront à nous diriger.

Etablissons d'abord quelques vérités primordiales.

Tous les hommes sont enfans du même Dieu, et Dieu les a créés pour vivre en société. La collection des êtres qui composent l'humanité forme elle-même un être collectif qui se développe dans la succession des âges, et tend irrésistiblement à l'Association universelle et intégrale des individus et des nations, c'est-à-dire à l'Unité.

Il serait superflu de démonter cette vérité : le sentiment l'admet sans peine, et surtout aujourd'hui on doit aimer à s'y reposer.

L'immobilité n'est pas. Le mouvement est éternel comme Dieu, qui l'imprime à l'Univers, par conséquent à l'Humanité; mais au sein de l'Humanité il est toujours un point où le centre du mouvement social se trouve placé; et jusqu'à présent, ce centre ou foyer du mouvement a constamment varié.

C'est ainsi que, partant de l'Inde aux temps les plus reculés, il est passé en Egypte pour retourner en Asie, par l'Assyrie, la Perse; et de là venir en Europe par la Grèce, de la Grèce à Rome, et de Rome à Paris; puis de Paris à Londres, et enfin de Londres à Paris, grâce à Napoléon qui sut le replacer en France. Ajoutons que ce ne serait pas pour longtemps si l'on ne savait l'y fixer.

Le déplacement du foyer du mouvement ne se fait pas sans qu'il en coûte ordinairement la vie politique au peuple qui n'a pas su le conserver: un mouvement social, déterminant toujours dans chaque peuple deux phases très-distinctes, la première ascendante et la deuxième descendante, c'est pendant la phase descendante qu'il prélude à passer à un autre peuple. Ainsi, en France, le mouvement social fut ascendant jusqu'à François Ier, et sous Louis XIV il brilla du dernier éclat qu'il répandit dans notre société. Depuis lors il fut pleinement descendant au profit de l'Angleterre, jusqu'à Napoléon, qui sut arrêter un instant la décadence de la France.

Chaque déplacement du foyer de mouvement social eut un caractère différent qu'il n'est pas utile de décrire ici; mais le mouvement a toujours tendu de plus en plus à l'universalité, c'est-à-dire à l'unité. Rome guerrière y a tendu directement par la conquête; Rome catholique par la Religion; aujourd'hui l'Angleterre y tend par le monopole universel, et la Russie par l'envahissement brutal dont elle a tous les moyens. On ne saurait dire, dans cet état de choses, où va se fixer le centre du mouvement s'il n'était pas en France.

§ II.

Depuis que l'Humanité est sortie des mains du Créateur, elle n'a donc pas cessé de grandir : mais elle a grandi par la souffrance et la maladie, tandis qu'elle était apparue belle et en pleine santé au sein de l'abondance et des richesses de la Nature. Mais cet état de santé s'étant altéré, l'Humanité depuis lors se développe par de perpétuelles convulsions dont les crises se multiplieront sans cesse jusqu'à ce qu'elle soit arrivée à l'Unité sociale ou à l'anéantissement.

Depuis long-temps l'Humanité est mûre pour l'Unité; depuis long-temps elle se sent et se sait de la tête aux pieds, et il est certain que le premier grand génie qui apparaîtra en Europe saura fonder cette unité si désirée, qui peut seule fermer le temple de Janus resté ouvert depuis tant d'années.

Ainsi la mission actuelle d'un homme d'État doit être de diriger les sociétés vers l'Association et l'établissement de l'Unité politique, quels que soient d'ailleurs les moyens à employer. Si la guerre même était encore l'inévitable moyen, il n'y aurait pas à hésiter; car la guerre est moins funeste pour une nation qu'une paix rétrograde. Il faut qu'une nation s'élève ou qu'elle tombe, il n'y a pas de juste milieu.

L'état de l'Europe aujourd'hui, et même celui du monde entier, demande impérieusement un grand conquérant guerrier ou pacifique. Il existe certainement, il ne faut pas en douter; il est quelque part qui s'impatiente peut-être auprès de quelque trône, ou peut-être aussi dans quelque endroit ignoré : mais d'un jour à l'autre il peut apparaître. S'il est guerrier, il est utile de lui rappeler les destinées de l'Humanité et de lui répéter qu'elles sont pacifiques; que l'association des nations et des individus doit s'établir sous un gouvernement central et unitaire, et qu'il ne pourra s'arrêter avant d'être le monarque du monde entier; sans quoi il perdrait le fruit de tous ses travaux.

La guerre qui peut éclater à chaque instant doit donc avoir un caractère nouveau et différent de toutes les guerres du passé. Ce doit être une guerre faite dans le but exclusif de fonder définitivement la paix générale sur un système solide.

Il ne saurait être possible aujourd'hui d'anéantir les nations : c'est une barbarie digne seulement de l'empereur de Russie. Il faut savoir intéresser les peuples au mouvement qu'on voudra opérer : c'est ce que Napoléon n'a pas assez compris : au lieu d'annuler l'importance des autres nations, il aurait dû passionner l'Europe pour la conquête du globe entier; en offrant ainsi aux rois vaincus le moyen de vaincre à leur tour et de s'assurer par leur triomphe d'importantes indemnités, il se les serait ainsi attachés au lieu de se les aliéner. Il lui était facile d'accomplir ce grand résultat; mais Napoléon n'était ambitieux qu'à demi, et il n'avait d'yeux que pour la France, qu'il sut bien combler de gloire, mais dont il ne sut pas faire le bonheur réel. Et pourtant que de rêves de grandeur et de prospérité n'avait-il pas faits pour elle! Comme il lui prodiguait largement les richesses de son génie et de son inépuisable activité!

Mais pour punition de cette grande faute, l'Europe se ligua deux fois contre Napoléon, et deux fois il fut abandonné de son ingrate patrie, l'enfer des hommes de génie.

CHAPITRE VII.

DANGER DE L'INACTION. — POLITIQUE GÉNÉRALE.

§ I.

Les hommes qui dirigent les sociétés ne devraient jamais oublier cette importante maxime, savoir : qu'une Nation qui cesse d'avancer rétrograde ; et que toute nation, en rétrogradant, marche à sa ruine certaine, dont la conséquence directe est le démembrement, soit qu'il provienne des dissensions intestines ou des guerres de l'étranger.

C'est surtout pour la France qu'il ne faut pas négliger cet avertissement, car la France aujourd'hui, par l'état d'abattement, de décomposition intérieure et d'aplatissement politique où elle est tombée, se trouve dans la position la plus déplorable et la plus dangereuse où elle ait jamais été. Il est impossible qu'elle y reste plus long-temps sans être complétement anéantie, et sans perdre toute son importance politique, à sa grande humiliation, et l'humiliation d'un peuple est aussi une cause féconde de chute sociale.

La France, par suite de l'altération de son système

social, se trouve hors d'unité avec le reste de l'Europe, beaucoup plus que l'Angleterre, dont les institutions féodales sont moins anarchisées qu'en France. La France, par cela même qu'elle est la nation la plus moralement avancée, est sortie de l'unité féodale de l'Europe; elle doit être contrainte à y rentrer, ou elle doit amener l'Europe à s'harmoniser avec elle, en lui faisant faire un pas vers un nouvel ordre de choses. C'est là une question qui doit se décider positivement d'une manière ou de l'autre. Ici non plus, il n'y a pas de juste milieu.

Ainsi, des principes et des intérêts, d'une nature très-différente sont en présence sur le sol de l'Europe, et tendent à se choquer violemment avec des chances de succès très-balancées.

Dans cet état de choses, énumérons les principaux dangers qui peuvent résulter pour la France de son inaction, tant à l'intérieur qu'à l'extérieur.

Premièrement à l'intérieur : si l'on n'apporte au sort des masses populaires, qui ont acquis le sentiment de leur force, des améliorations radicales en dirigeant leur activité vers des travaux de production qui puissent mettre fin à leur misère, il est certain que la France, attendu le caractère vif et remuant de ses habitans, sera un foyer permanent de révolutions, puisque les causes immédiates seront également permanentes. Ces perturbations continuelles étant contagieuses pour les Nations voisines, l'intérêt des rois de l'Europe les portera inévitablement à se liguer entre eux afin de surveiller la France de très-près, et de la mettre provisoirement, ainsi que nous le voyons déjà, en quarantaine politique, comme Napoléon a mis l'Angleterre en quarantaine commerciale, ou comme en 1823 nous l'avons fait nous-mêmes pour l'Espagne. Cette mesure, si elle se prolongeait, deviendrait aussi désastreuse qu'une invasion qu'elle n'éviterait même pas, et conduirait la France à se miner elle-même, à se désunir de plus en plus par l'animosité des partis, et à préparer ainsi son propre démembrement. Car un danger réel que nos gouvernans ne prévoient peut-être pas, c'est la scission des provinces avec la métropole. Cette scission ne saurait tarder long-temps à se déclarer, si un intérêt commun ne venait bientôt les réunir. Les hommes du mouvement préparent cette scission en s'élevant contre la centralisation sans discernement, puisque la centralisation est, aujourd'hui surtout, une garantie de la force des États.

Secondement à l'extérieur, la France, par son inaction, laisse toutes les questions en suspens, prolonge les inquiétudes qui augmentent le découragement, et se rend les chances de guerre de plus en plus imminentes et défavorables en s'aliénant l'esprit des peuples que son signal avait soulevés, et qu'elle abandonne : elle laisse aux féodaux le temps de s'organiser, lorsque d'ailleurs, pour elle surtout, c'est un très-grand désavantage que d'être attaquée.

Si la France est vaincue (ce qui n'est pas impossible avec les hommes qui nous gouvernent aujourd'hui), nous courons la chance d'une quatrième restauration ou d'un démembrement, quoi qu'on puisse dire de l'équilibre européen. De toute façon nous retombons en pleine féodalité, et pour la reconstituer, il deviendra indispensable de rétablir la grande propriété, seule condition de durée du système féodal.

Troisièmement, en supposant que la France ne soit pas attaquée, ce qui n'est pas supposable, il est certain néanmoins qu'une commotion politique générale ne peut manquer d'avoir lieu assez prochainement, puisque l'état d'immobilité n'est jamais durable, et qu'il ne fait que préparer un choc plus violent. Or, par la nature des idées nouvelles qui fermentent en Allemagne, il peut se faire que l'Allemagne et l'Italie opèrent une révolution : dans ce cas, il sera de l'intérêt direct de la France de les appuyer ; mais alors la France ne se battra qu'à titre d'auxiliaire, et si l'Allemagne triomphe, il arrivera que le centre du mouvement politique se trouvera transporté chez elle.

Si c'est la Russie qui triomphe, ce qui serait très-malheureux sans doute pour l'Europe entière, la grande question politique de l'équilibre ne peut manquer d'être posée entre la Russie et l'Angleterre, ces deux puissances étant les plus importantes du Globe soit par l'étendue de leurs possessions, soit par le nombre des peuples soumis à leur domination. Par la tendance même de l'Humanité vers l'unité, il est naturel que chacune d'elles tende également à la conquête du Globe, l'une par sa suprématie maritime et commerciale, l'autre par ses nombreux bataillons. Dans ce cas, la France ne peut être maintenue par l'une des deux grandes puissances belligérantes qu'à la condition de se subordonner à ses vues politiques, et de lui servir d'auxiliaire, sans quoi la Russie et l'Angleterre n'ont aucun intérêt direct à la conservation de la France : la première parce que les idées de liberté de la France sont contraires à sa propre conservation; la seconde parce que, ne pouvant se soutenir que par le monopole général du Commerce, elle ne peut souffrir une puissance rivale comme la France qui forme un grand entrepôt commercial et un atelier de production en concurrence avec elle, et dont elle doit désirer en secret l'abaissement. La France se fait une grande illusion si elle croit à l'alliance sincère de l'Angleterre.

Dans tous les cas, le centre du mouvement social du globe menace de passer, par la nullité du gouvernement français, soit à l'Allemagne, soit à l'Angleterre, soit à la Russie. Et du moment que la France ne serait plus que l'auxiliaire de la Russie ou de l'Angleterre, elle serait perpétuellement ballottée par ces deux puissances et ne serait plus qu'un instrument que l'une ou l'autre briserait quand il ne lui serait plus nécessaire.

Cependant la France, par sa situation et son degré de développement social, est appelée naturellement à être l'arbitre de l'Europe : il faut donc que la France ait une importance politique de premier ordre et qu'elle domine toutes les autres nations pour la tranquillité et le bonheur même du monde entier: car le joug de l'Angleterre ou de la Russie serait dur à porter. Mais par une singulière fatalité, la France est toujours sous la direction d'hommes incapables, excepté Napoléon, de la commander et de lui faire jouer le rôle que la nature même lui destine.

Napoléon comprit mieux que personne ce rôle, et sut donner à la France le rang qu'elle doit occuper en Europe. Néanmoins, faute de connaissances sociales assez étendues et par la mauvaise combinaison de son blocus continental, auquel il attachait d'ailleurs trop d'importance, il n'a pas su fonder au cœur de l'Europe et de l'Asie, comme condition même de sa domination sur l'Angleterre, l'empire central qu'il méditait, et qui aurait pu s'étendre entre les deux Océans depuis la France jusqu'à la Chine, qu'il eût été facile d'envahir et de tirer de son endormissement. Cet empire central se serait étendu entre le 30me et le 50me degré en traversant l'Autriche, les deux Turquies, la Perse et l'Indostan, et aurait formé sur le globe une zône politique. La conquête de l'Italie, de toute l'Adriatique et de l'Autriche lui fournissait les moyens de réaliser cette grande pensée. Dans ce cas, il aurait dû transporter le siége de son empire plus au centre de ses possessions. Il serait arrivé ainsi à fonder infailliblement l'unité politique du globe, et par suite l'unité intégrale. La paix du monde en serait immanquablement résultée d'une manière inébranlable. (1)

---

(1) On ne conçoit pas pourquoi l'Empereur est allé faire la malheureuse et très-insignifiante conquête d'Espagne, qui ne se rattachait à aucun système et qui était de toute inutilité. C'était sans doute pour cerner de plus en plus l'Angleterre ; mais c'était de sa part une haine mal éclairée, car ce n'est pas en Europe qu'on attaquera jamais l'Angleterre avec fruit surtout par la guerre.

L'Empereur devait, après les compagnes d'Italie et d'Autriche, marcher directement sur la Turquie, et s'emparer de Constantinople ; de là passer rapidement en Asie et prendre Damas, Trébizonde, Bagdad et Ispahan, où il aurait établi des gouvernemens avec de nombreuses garnisons, comme il avait établi Kléber en Égypte. Après quoi il serait rentré en Europe pour régler ses affaires et organiser son vaste empire, qu'il aurait pu ensuite agrandir à volonté. Il n'aurait pas eu besoin alors d'aller faire sa fatale guerre de Russie.

Il faut ici justifier Napoléon de l'injure que lui a faite M. Ballanche en le qualifiant de génie du retardement. Cette sentence peut être très-poétique, mais certes elle est très-peu vraie ; elle est injuste, et elle prouve que M. Ballanche n'a pas suffisamment compris Napoléon ni son œuvre. Si cet écrivain distingué a voulu dire que Napoléon n'a pas favorisé les idées républicaines, il se méprend singulièrement sur la valeur ou le caractère de ces idées, et Napoléon sans doute en aura compris le vide. D'ailleurs la forme républicaine ne pouvait pas s'accommoder à le rapidité de son action. Napoléon marchait à un grand but par un moyen rétrograde, il est vrai, celui de la guerre ; mais dans l'état de l'Europe, à l'issue de la révolution française, il eût été difficile d'en employer un autre, et encore eût-il fallu le connaître.

Si l'Empereur avait réussi à fonder son empire central ou de l'Adriatique, et par suite l'unité politique et la paix du globe, certes il eût été le génie de l'avancement et le plus progressif de tous les génies, lesquels jusqu'ici n'ont pas connu d'autre procédé d'association entre les peuples que la guerre ; du moins nous ne serions pas menacés comme aujourd'hui d'un nouvel embrasement général.

On a dit aussi de Napoléon que c'était la révolution faite homme ; c'est encore inexact ; c'était plutôt la féodalité faite conquérante. Il n'est pas dans la nature de la féodalité de faire des conquêtes : elle ne peut faire que des guerres d'intervention. Toutes les fois qu'elle a voulu s'élever à la conquête elle a toujours échoué, et cela devait être. Il semble plutôt que l'intention de Napoléon était de porter la civilisation et la féodalité en Orient. Son expédition d'Égypte lui en aura peut-être fait naître la pensée.

La Russie serait devenue la seconde puissance du globe, et aurait étendu sa domination tout autour du pôle, qu'elle aurait circonscrit. Le Mexique aurait pu former un troisième empire ; l'Angleterre aurait étendu sa domination et ses établissemens sur l'Afrique, et enfin rien n'aurait empêché de travailler à retirer l'Océanie de son état sauvage.

Il serait peut-être arrivé alors que l'Angleterre et la Russie fussent venues représenter à l'Empereur qu'il étendait singulièrement ses conquêtes : l'Empereur aurait répondu : J'en conviens; et le congrès eût été fini.

Il ne peut y avoir de paix durable dans l'état actuel des sociétés civilisées tant que l'Europe sera divisée en deux parts, et qu'elle n'aura pas constitué son unité politique sous un pouvoir central et unitaire, tant qu'il n'y aura pas un vaste empire pour servir de lien, pour maintenir la balance entre la Russie et l'Angleterre, les deux véritables rivales politiques. Jusque-là on verra entre ces deux colosses des luttes qui ne se termineront que par la subalternisation de l'une ou de l'autre puissance : et les nations secondaires deviendront les victimes de leurs sanglantes prétentions; car la politique de l'Angleterre surtout est de faire battre les autres nations pour elle : et c'est au centre de l'Europe que le débat aurait lieu. Il est temps sans doute de travailler à établir la paix dans le monde et de mettre un terme aux bouleversemens : si la guerre en est le seul moyen, il faut faire la guerre.

La révolution de juillet avait fourni à la France une belle occasion de ressaisir sa prédominance politique, mais il lui a manqué un homme. Aujourd'hui c'est à l'Allemagne qu'appartient le rôle de la France; c'est à elle de fonder l'empire de l'Adriatique et de s'emparer du rôle arbitral. Si l'Allemagne opérait un mouvement révolutionnaire, elle aurait, il faut l'espérer, son Napoléon, et celui-là sans doute saurait profiter des fautes du nôtre. Si l'Allemagne et la France ne deviennent pas les arbitres entre la Russie et l'Angleterre, elles en seront infailliblement les victimes : il est donc de leur intérêt immédiat de faire face à ces deux États.

Eh quoi! toute l'Europe centrale et la plus belle partie de l'Asie sont, d'une part, sous la domination politique d'un peuple à demi barbare, gouverné par le despotisme le plus rude, et de l'autre, sous celle d'une île grande comme la main, gouvernée sous l'influence et au profit des marchands de cirage et des marchands de coton, et il n'y a pas un seul prince, pas un seul homme dans l'Europe centrale qui sache mettre fin à une telle monstruosité? Ah! nous vivons dans un monde renversé, cela n'est que trop évident.

Le parti républicain, qui a témoigné le sentiment le plus exact de notre situation en appuyant la propagande, à défaut d'autre moyen d'association, s'est montré néanmoins très-peu éclairé en politique en ce qu'il voulait faire alliance avec l'Angleterre pour se choquer contre la Russie et l'Allemagne, tandis qu'il faut chercher à éviter tout choc avec la Russie, et que l'alliance la plus naturelle et la plus utile pour la France, est au contraire celle de l'Allemagne et de la Turquie contre l'Angleterre et la Russie. Cette alliance est la plus solide qu'on puisse faire, car ces deux dernières puissances savent bien que sans cette barrière elles tendraient réciproquement à s'anéantir, et les trois puissances centrales de leur côté ont un intérêt direct à se protéger. Dans ce cas c'est toujours en Allemagne que se concentrerait le mouvement européen. La France ne peut manquer d'être subalternisée : seulement elle le serait beaucoup moins. Ajoutons qu'elle serait peut-être déjà sacrifiée à l'heure qu'il est, s'il se trouvait sur l'un des principaux trônes de l'Europe un homme suffisamment capable et entreprenant; mais heureusement pour nous, il y a médiocrité parmi les têtes couronnées : un passé de deux années le prouve de reste. Toutefois nous sommes en telle occurrence qu'un homme de génie ne saurait tarder d'apparaître quelque part, car les grands hommes manquent rarement aux grandes circonstances.

§ II.

Nous nous sommes élevé aux considérations qui précèdent pour arriver à la question la plus importante qu'on puisse se poser aujourd'hui en politique générale.

La guerre est-elle le seul et le plus sûr moyen de fonder la paix universelle et perpétuelle, c'est-à-dire l'unité politique, l'association des peuples et l'équilibre des États? Non certainement; mais, de tous les grands moyens connus jusqu'à présent, elle est un des plus puissans. Les institutions sociales ou religieuses qui tendent à l'Unité ont la même chance de succès pour atteindre ce grand but. Ainsi, par exemple, si l'institution catholique avait pu s'universaliser, elle aurait constitué l'unité religieuse du globe, par où l'on serait arrivé à l'unité politique. Si l'Angleterre pouvait fonder l'unité commerciale et la Russie l'unité militaire, elles arriveraient également l'une et l'autre au même résultat. Ce qui importe pour notre globe, c'est d'atteindre d'une manière quelconque à l'unité, sans laquelle il n'est point de stabilité possible pour les sociétés humaines. Aussi le véritable caractère de grandeur des institutions sociales, des importantes découvertes scientifiques et des hommes de génie, c'est leur tendance directe vers l'unité. Voilà principalement pourquoi les Alexandre, les César, les Charlemagne, les Grégoire VII, les Napoléon furent grands parmi les hommes, et pourquoi l'empire romain fut un grand empire, le Catholicisme une grande institution.

Mais entrons plus avant dans l'examen de cette importante question, et montrons que l'on peut également et avec certitude arriver, par des moyens pacifiques, à l'établissement de l'unité sociale du globe.

Pour mieux expliquer notre pensée, faisons la supposition d'un roi conquérant.

Si le grand Frédéric était ressuscité à Paris le

30 juillet 1830, il est très-probable qu'il ne se serait pas tiré un coup de canon en Europe sans sa permission, ou bien il aurait tiré le premier coup de canon. Il aurait profité du mouvement produit par la révolution de juillet pour le continuer en Europe d'une manière quelconque. Il se serait d'abord emparé de la Belgique, de l'Italie, de l'Allemagne, et en peu de temps il eût été l'arbitre du Monde. Supposons, pour abréger, qu'il ait fondé l'empire central que Napoléon a manqué. Assurément la paix eût été garantie facilement, nul roi sur le globe n'eût osé attaquer une telle puissance, surtout avec les dispositions des peuples européens impatiens de secouer le joug qui les opprime.

Mais il n'eût pas suffi que la paix fût enfin établie, il fallait encore qu'elle offrît aux peuples de nouveaux moyens de développer leur activité, sous peine d'être plus funeste que la guerre. Un peuple n'est pas toujours anéanti pour être vaincu, mais il est toujours près de son anéantissement quand il est dans l'impuissance d'agir. Or la paix n'était qu'une condition d'organisation, un préliminaire indispensable pour donner des institutions durables aux sociétés, celles qui les régissent aujourd'hui étant insuffisantes. Admettons que, provisoirement et faute de mieux, le grand Frédéric ait constitué l'Europe d'après le système dit représentatif, il est par trop clair qu'il n'en eût pas moins fallu arriver en définitive à organiser le travail social, puisque les sociétés ne vivent réellement que par le travail; il eût fallu en venir nécessairement à établir entre les hommes de nouveaux rapports conformes à leurs besoins et à leurs destinées pacifiques, régler les relations des travailleurs entre eux, combiner leurs efforts par un système quelconque qui assurât à chaque membre de la société, quel qu'il fût, l'exercice de ses droits naturels et de sa liberté, et enfin arriver à constituer l'ordre social des Nations par sa base, par l'élément organique, par la famille du travailleur élevée de l'état de ménage morcelé à l'état de ménage sociétaire, et changer les conditions actuelles du travail des associés.

Or, en procédant à l'organisation sociale par la base, par l'élément organique, l'Humanité peut donc, à l'aide de cette méthode, opérer en sens inverse de la conquête et atteindre avec certitude et sans bouleversemens à l'unité et à ses pacifiques destinées.

Nous démontrerons que l'ordre sociétaire de M. Fourier conduit directement à ce grand résultat, et qu'il assure ainsi à la France une prépondérance incontestable sur tout le globe, en ce qu'elle peut se faire centre d'un vaste mouvement d'organisation industrielle qui portera avec lui la paix future la plus durable et le bonheur de l'Humanité.

Ainsi la France, engouffrée aujourd'hui au fond d'un abîme, peut s'élancer d'un bond au trône du monde.

CHAPITRE VIII.

CERTITUDE D'UN AVENIR PLUS HEUREUX.

§ I.

La société tout entière est dans un tel état d'abattement et de découragement ; tant de maux, de souvenirs pénibles et d'inquiétudes l'accablent à la fois, qu'il lui reste à peine la force d'espérer en de meilleures destinées. Si nous tournons nos regards vers le passé, l'histoire ne déroule à nos yeux qu'un vaste tableau des guerres de nations contre nations ; que les tristes annales de l'élévation et de la chute des empires. Il semble que la Nature se joue de nos vains travaux et se complaise sur les ruines de tant de monumens et d'institutions humaines. Si nous envisageons l'avenir lui-même, nous y voyons toujours la guerre, qu'un fil tient suspendue sur nos têtes, et toujours des sociétés menacées.

L'Humanité cependant n'a pas été créée pour se suicider. Le Créateur n'a pas pu vouloir que l'Homme fût lui-même l'agent de sa propre destruction.

Puisque l'Homme a besoin d'activité, et qu'il tourne incessamment son activité contre lui-même, c'est donc qu'il n'a pas trouvé la loi de son développement régulier. Cette loi existe cependant, on ne saurait en douter, et elle doit porter en elle-même le remède à tant de maux et à tant de bouleversemens. Le nier serait faire injure à la Divinité, qui n'a pas destiné les sociétés humaines à vivre perpétuellement dans le chaos social et philosophique où elles se heurtent et se brisent depuis tant de siècles au sein d'une profonde obscurité, où cependant de faibles lueurs scintillent de loin à loin comme pour indiquer qu'il y a un flambeau qui doit nous éclairer.

Puisque toutes les institutions humaines sont vaines et passagères, il est clair que les hommes ne sont pas leurs législateurs naturels, que Dieu seul est législateur, et qu'il a composé pour nous un code social qu'il s'agissait de découvrir. Il a placé à cet effet dans nos ames le sentiment comme fondement de toute certitude et comme voie directe d'interprétation; il nous a donné pour nous éclairer l'intelligence, et pour auxiliaire le raisonnement: nous avions ainsi tous les moyens de découverte, c'était à nous d'en faire usage.

« Dieu, dit M. Fourier, est pouvoir législatif, et la » raison humaine pouvoir exécutif, recherchant par » synthèse de l'attraction les lois que Dieu a faites sur » nos relations, et que l'homme doit exécuter.

» Si c'est à l'Humanité à se donner des lois, s'il » n'est pas besoin que Dieu intervienne dans notre lé- » gislation, il aurait donc jugé notre raison supérieure » à la sienne en conceptions législatives! De deux » choses l'une:

« Ou Dieu n'a pas su ou il n'a pas voulu nous don- » ner un code social quelconque.

» *S'il n'a pas su,* comment peut-il croire que notre » faible raison réussirait dans une tâche où il aurait

» craint d'échouer lui-même? *S'il n'a pas voulu*, » comment nos législateurs peuvent-ils espérer de » construire l'édifice dont Dieu aurait voulu nous » priver? »

« Nos essais de 3,000 ans prouvent assez que le gé- » nie civilisé est insuffisant, inférieur à la tâche. » Dieu a dû prévoir que tous nos législateurs depuis » Minos jusqu'à Robespierre ne sauraient qu'enraci- » ner les sept fléaux, tout en promettant de nous » conduire dans les sentiers fleuris de la perfecti- » bilité. »

Le code sociétaire existe; il n'est pas possible de le contester. Le malheur n'est donc pas inhérent à la condition humaine (1). Mais, si ce code existe depuis que nous sommes créés, comment se fait-il qu'il ne nous ait pas toujours régis?

C'est premièrement parce que Dieu a créé l'homme libre et que l'homme ne peut être libre sans être en même temps l'arbitre de ses destinées, car il est impossible à Dieu, quelle que soit sa puissance, de concilier la Liberté avec l'Autorité. Si Dieu pouvait nous forcer, même pour notre propre bonheur, à suivre la

---

(1) On assure que le bonheur est fait seulement pour l'autre monde : c'est une fable imaginée pour nous aider à prendre patience, car Dieu est bien assez puissant et assez bon pour qu'en nous créant il nous ait destinés à un avenir heureux dans deux mondes à la fois, puisqu'il nous en a inspiré le désir ardent. D'ailleurs, quel est cet autre monde tant vanté? Serait-ce le paradis des Chrétiens? séjour plein de froideur et de monotonie, où la stérile et béate contemplation de l'homme pour son Créateur serait humiliante pour le Créateur lui-même.

loi qu'il nous a donnée, il n'y aurait plus pour nous de liberté. Le seul moyen que Dieu ait lui-même de nous commander, c'est de nous stimuler par l'appât du plaisir ou de l'attraction passionnée (1).

Secondement Dieu a dû laisser à l'homme la gloire de découvrir lui-même la loi qu'il lui avait composée, parce que l'homme étant, dans l'échelle des êtres, sa plus belle et sa plus importante créature, il lui a donné la conscience comme attribut essentiel de sa propre grandeur : car la conscience est la faculté qui établit le rapport le plus intime entre l'homme et la Divinité, et l'usage que doit faire l'homme de ce sublime attribut implique la condition qu'il ait non-seulement conscience de lui-même, mais conscience de la loi en vertu de laquelle il doit développer son être; sinon il ne serait qu'une machine mue par une force inconnue qu'il pourrait considérer à juste titre comme un agent de la fatalité.

La preuve que Dieu a dû laisser à l'homme, comme première condition de sa grandeur, le mérite de découvrir sa loi, c'est qu'il n'a pas permis que les animaux s'écartassent de la leur, parce qu'ils eussent été incapables de la retrouver.

On fera peut-être cette question : L'homme, au sortir de la Création, a-t-il suivi sa loi naturelle?

---

(1) C'est aussi dans les sociétés le seul moyen légitime qu'il soit permis à l'homme supérieur de faire usage pour exercer l'autorité sur les autres hommes.

Nous répondons oui. Il s'en est écarté pour des causes qu'il n'est pas nécessaire d'énumérer ici. Il l'a suivi pendant un certain temps, mais d'une manière purement instinctive, parce qu'alors la conscience de l'homme n'était pas encore éclose, et pendant long-temps elle ne fut point suffisamment développée pour continuer à suivre sa loi; car l'homme n'a pas toujours eu conscience nette de lui-même, il ne pouvait donc l'avoir de sa loi. Mais pourquoi, dira-t-on, l'homme n'a-t-il pas toujours eu conscience claire de lui-même et de sa loi de développement? Voilà donc Dieu, que vous nous vantez tant, pris lui-même en défaut? Sans chercher ici à le justifier, répondons seulement par ces autres questions. Pourquoi naissons-nous enfans, et pourquoi devenons-nous grands? Pourquoi n'avons-nous pas à tout âge conscience de nous-mêmes? Pourquoi ne naissons-nous pas hommes tout formés, et pourquoi ensuite faut-il mourir? Voilà des POURQUOI que nous laissons aux faiseurs d'objections et aux philosophes le soin d'expliquer, puisque, suivant M. Cousin, « la philosophie est l'intelligence » absolue, l'explication absolue de toute chose. » Néanmoins je me trompe fort si devant ces grandes questions les philosophes ne prennent le parti de s'incliner.

Mais comment se fait-il que l'Humanité ait été si long-temps sans découvrir sa loi, quoique depuis si long-temps déjà elle ait conscience d'elle-même? C'est que depuis un grand nombre d'années les sociétés sont leurrées et aveuglées par les visionnaires de l'idéologie philosophique et de toutes les fausses sciences morales, politiques, métaphysiques et économiques qui s'y rattachent. Les savans qui professent ces sciences incertaines, au lieu de chercher la loi du développement des sociétés, s'ingénient à leur en fabriquer de purement imaginaires qui ne servent qu'à les comprimer et à les maintenir sous une tutelle fort mal éclairée.

« Au lieu d'observer les choses que nous voulions » connaître, dit Condillac, nous avons voulu les » imaginer; de suppositions en suppositions, nous » nous sommes égarés parmi une multitude d'erreurs, » et ces erreurs étant devenues des préjugés, nous » les avons prises pour des principes. »

Voilà bien la manière de procéder de la philosophie.

« Après tant d'essais infructueux pour améliorer » l'ordre social, dit M. Fourier, il ne reste aux phi- » losophes que la conviction de leur impéritie. Le » problème du bonheur public est un écueil insur- » montable pour eux. »

..... « On se défie d'une science (l'idéologie) où le » dernier venu dément toujours ses devanciers ; Con- » dillac est renversé par Kant, qui à son tour est » renversé par Fichte, lequel bientôt est abattu par » Schelling, et celui-ci par Reid ou Ancillon, qu'un » autre abattra demain, si ce n'est déjà fait. Le » monde idéologique est l'image des partis de 94. »

« Les vrais savans ne se culbutent pas ainsi à tour » de rôle. On ne voit pas qu'aucun géomètre ait in-

» firmé ou tenté d'infirmer les doctrines d'Euclide, » ou que les médecins modernes aient voulu détrô- » ner Hippocrate. »

Mais enfin qu'est-ce donc que la Philosophie, à laquelle se rattachent toutes les sciences incertaines? Le croirait-on? on n'en sait encore rien. Chaque nouveau philosophe apporte avec lui une nouvelle définition, et en dernier résultat on ignore toujours quelle est la bonne. Tout ce qu'on peut dire de la philosophie, qu'il faudrait appeler la science de la contradiction, c'est qu'elle a pour but avoué de superposer dans l'activité sociale de l'homme la froide raison au sentiment, et de la faire triompher envers et contre tout; c'est-à-dire que la philosophie ne se propose rien moins que de renverser l'ordre de la nature. C'est à cela principalement qu'on peut toujours la reconnaître. Si la raison devait être le seul guide de l'homme, si elle était supérieure au sentiment, il ne devrait alors jamais entrer dans le cœur humain un seul sentiment, une seule impulsion que la raison n'ait préalablement autorisée et sanctionnée. D'où il s'ensuit que le raisonnement devrait précéder le sentiment qui nous sollicite à raisonner.

§ II.

Nous avons sous les yeux un exemple frappant de la vanité des théories et doctrines philosophiques dans la philosophie moderne, espèce de *salmigondis* d'idées vagues qu'on nomme *éclectisme*, et qui vient, il faut l'espérer, clore l'ère de la philosophie. Que conclure de cette doctrine pour l'avenir ou pour le bien-être de la société? Rien, absolument rien. La seule chose qu'établissent très-bien ces profondes et stériles élucubrations sur le développement de l'Humanité, la seule conclusion solide qu'on puisse en déduire, ainsi que je l'ai entendu dire par un homme de beaucoup d'esprit, c'est que *tout ce qui arrive, arrive parce que tout ce qui arrive doit arriver*. Néanmoins l'auteur de cette lumineuse doctrine en a tiré une autre conclusion. Il a trouvé que depuis je ne sais combien d'années, et à travers je ne sais combien de douloureuses ou épouvantables commotions, l'Humanité ne s'était développée que pour aboutir, devinez à quoi? à la Charte de 1814. Déjà, quelques pages avant, M. Cousin prétendait (sans doute pour arriver à sa conclusion) que l'esprit humain devait s'arrêter au commencement du XIXe siècle. « C'est » un parti un peu fort à prendre, ajoute-t-il ; cependant il n'en reste pas d'autre. » Ceci n'est pas consolant (1).

(1) Néanmoins il paraîtrait, suivant M. Cousin, et d'après des explications qu'il n'est pas nécessaire de rapporter, qu'il nous reste à trouver le *rapport entre le fini et l'infini*. Sans cela point de salut; mais ce qu'il y a de plus plaisant, c'est que M. Cousin, qui a devisé très-longuement sur la conscience, et les phénomènes de la conscience, « qui sont bien plus nombreux » qu'on ne l'avait pensé, » ne s'est pas aperçu, que je sache, que ce fameux *rapport entre le fini et l'infini*, c'est-à-dire entre l'homme et Dieu, pour mieux déterminer la pensée, c'est précisément la CONSCIENCE ELLE-MÊME.

Et maintenant que nous connaissons ce fortuné rapport, à quoi cela nous avance-t-il en fait d'ordre social?

Enfin M. Cousin, après avoir établi comme quoi il existe deux élémens dans notre société, celui de l'ancien régime et celui de la démocratie révolutionnaire, trouva que ces deux élémens étaient dans la Charte d'une manière si intime qu'on ne saurait en délimiter l'action, et qu'il y avait là une certaine obscurité qui faisait précisément la force des deux élémens. On ne se serait jamais douté que l'*obscurité* fût aussi utile et eût si beau rôle à jouer, surtout en fait d'institutions sociales.

Mais voici bien une autre fête : à peine les leçons de l'illustre professeur étaient-elles achevées qu'un croc-en-jambe de la presse parisienne fit faire la culbute à la Charte fortunée. Premier désappointement pour l'illustre philosophie. Mais s'il était terrifiant, on pouvait du moins s'en relever, et une quasi-restauration allait arranger bien des affaires. Et puis si la Charte est tombée, c'est sa faute; pourquoi contenait-elle un article 14 qui permettait de la violer pour la sauver? Étrange absurdité! fatal article dont on ne s'était pas assez méfié, et qui a causé la chute d'une monarchie de quatorze siècles, à grands frais rétablie! aussi la révolution de juillet a fait bonne justice de ce monstrueux article 14, et l'expérience a prouvé qu'on pouvait s'en passer.

Viennent ensuite les événemens du mois de juin : seconde glissade de cette Charte perfectibilisée; second désappointement, cette fois complet et terrible, dont l'illustre et savant professeur est allé se consoler dans le fauteuil de la pairie.

Et maintenant, philosophes, vous surtout qu'on appelle *doctrinaires*, croyez-vous, la main sur la conscience, que la Charte contienne l'avenir des sociétés? Croyez-vous qu'il ne soit pas temps de le chercher ailleurs que dans le passé? Croyez-vous que la philosophie soit la science sociale? Croyez-vous enfin qu'il ne faille pas s'appuyer d'une science fixe et tout-à-fait exempte d'arbitraire pour marcher avec sécurité? N'êtes-vous pas las de vos vaines et stériles abstractions où vous dépensez profusément une intelligence si développée? Pensez-vous que Dieu, qui a distribué tout dans l'Univers et qui a donné une loi à tous les corps organisés depuis les astres jusqu'aux insectes les plus petits, nous en ait précisément exceptés? Quoi! vous parlez sans cesse d'unité, et nous serions destinés à rester hors d'unité avec le monde entier! Quoi! nous sommes plongés dans la souffrance, dans l'ignorance, la misère et l'immoralité, et nous serions condamnés à y demeurer! La terre est à peine défrichée, à peine peuplée; les Nations se connaissent à peine, et déjà il faut nous arrêter! Quoi! nous n'avons jamais goûté le bonheur et la Liberté, et nous ne devrions jamais les goûter! Nos espérances s'élanceraient sans cesse vers un avenir que notre imagination se plaît à embellir, et il ne nous serait jamais permis d'y aborder! Et Dieu, pourquoi nous aurait-il donc créés?

Philosophes, vous n'êtes pas les interprètes du Dieu infiniment bon, vous prenez votre horizon pour les bornes du monde. Et quand vous avancez que tout est terminé, il n'y a de vrai dans votre sentence qu'une seule chose, c'est que votre règne est fini, et que celui de la justice commence.

CHAPITRE IX.

DU RÉGIME D'ASSOCIATION DOMESTIQUE AGRICOLE, OU NOUVEAU MONDE INDUSTRIEL DE M. CH. FOURIER.

Nous ne pouvons faire connaître que superficiellement le nouvel ordre social de M. Ch. Fourier : le but de cet écrit n'étant pas d'en donner une analyse détaillée, nous devons nous borner à en donner une idée générale et faire sentir ses principaux avantages pratiques et politiques. Les personnes qui voudraient connaître ce système social dans son ensemble et ses détails doivent l'étudier dans les ouvrages mêmes de M. Fourier (1), ou dans les expositions qui en ont été faites par MM. Just-Muiron, Jules Lechevalier, Abel Transon et Victor Considérant. M. Fourier et ses disciples publient aussi un journal intitulé la RÉFORME INDUSTRIELLE, dans lequel ils donnent chaque semaine des explications et des renseignemens (2).

§ I.

Nous avons montré précédemment ce qu'est notre système commercial. Il faut, avant de parler de l'ordre sociétaire, montrer ce qu'est notre système industriel.

---

(1) Il convient de commencer par le NOUVEAU MONDE INDUSTRIEL.

(2) On trouve au bureau du journal, rue Joquelet, n° 5, les ouvrages de M. Fourier et les expositions ci-dessus désignées.

Nous savons que le vice fondamental et radical de l'ordre social qui régit les sociétés civilisées est l'organisation de l'État par familles ou ménages morcelés. En conséquence le vice fondamental et radical de l'industrie, c'est le morcellement, l'incohérence, l'isolement et la concurrence anarchique des travailleurs entre eux.

Il ne faut pas craindre de répéter encore que ce vice radical et fondamental du morcellement, appliqué d'abord à l'Industrie, ou travail social, engendre le mercantilisme et donne lieu à la fausse science appelée économie politique qui ne sert qu'à enraciner le mal, puisque les deux pays qui ont le plus d'économistes, la France et l'Angleterre, sont en même temps les deux pays les plus endettés. Appliqué en second lieu aux relations sociales des familles entre elles, il engendre la corruption et l'immoralité, et entraîne le désordre des sociétés. Il donne lieu aussi à la fausse science nommée morale, laquelle n'est qu'un tissu de contradictions et d'erreurs qui viennent de plus en plus augmenter la confusion; et ce sont aussi les pays les plus encombrés de moralistes et de systèmes de morale qui sont en même temps les plus démoralisés.

L'isolement des familles est si peu le vœu de la Nature et l'intention du Créateur qu'on ne voit jamais la bonne intelligence et le bon ordre régner non-seulement entre les familles isolées, mais au sein même de ces familles. Il est extrêmement rare que deux familles ne soient pas divisées entre elles, soit par l'intérêt, les jalousies, les rivalités, les disproportions de fortunes ou d'état, soit par les perturbations occasionées au sein même de la famille par l'incapacité, l'inconduite ou la mort du chef de la famille, ou par l'inconduite de la mère ou des enfans; par la ruine accidentelle, les maladies, les successions, les procès, et mille autres causes qu'il serait trop long d'énumérer.

Une famille prise individuellement n'est qu'un composé d'antipathies, où l'on ne voit presque jamais deux individus s'accorder : c'est l'époux qui n'a pas les goûts ou le tempérament analogues à ceux de l'épouse; c'est le fils qui n'a pas les goûts du père; c'est la fille qui n'a pas ceux de la mère; ce sont ensuite les différences d'éducation entre le père, la mère et les enfans; ce sont les frères et sœurs qui ne s'accordent pas entre eux; ce sont les préférences, les jalousies; ce sont les filles qu'on ne peut marier faute de pouvoir les doter; les garçons qu'on ne peut établir et qui perdent leur jeunesse dans l'oisiveté et les déportemens. Et comment en effet un père qui a trois ou quatre enfans, lorsqu'il leur a donné à tous une éducation souvent ruïneuse pour lui, peut-il ensuite leur donner à chacun un établissement? Il faut pour cela beaucoup de richesses dont peu de familles sont pourvues, et l'on sait que le manque d'argent est aussi un puissant motif d'anarchie.

Par là nous reconnaîtrons encore que le principe conservateur de la famille isolée est le droit d'aînesse quiest cependant une criante injustice. En un mot la famille isolée par ménages morcelés est le véritable enfer de nos sociétés civilisées; c'est une cause permanente de discordes sociales.

Ces dispositions naturelles à l'antipathie au sein d'une famille isolée ou ménage incohérent, sont toujours érigées par nos vertueux moralistes en immoralité, et cependant c'est une des plus sages dispositions de la Providence, puisque c'est précisément cette disposition qui pousse l'homme à vivre en société, car si toutes les antipathies familiales pouvaient être changées en sympathies, et que l'homme trouvât le bonheur au sein de sa famille, il n'y aurait pas de raison pour qu'il voulût en sortir, il devrait même s'y marier. Ce serait là revenir au bon vieux temps du patriarche Noé. Un volume entier ne suffirait pas pour analyser les nombreux inconvéniens et les nombreuses calamités qui résultent de l'état d'incohérence actuelle des familles : nous en avons journellement le tableau sous les yeux.

Nous dirons seulement, pour nous résumer, que la famille isolée, par ménages morcelés et incohérens, est l'antipode de l'état d'association, qu'elle est éminemment anti-sociale, contraire au vœu de la Nature et au plan de la Providence. Et pour la distinguer de la famille à l'état de ménage sociétaire dont nous parlerons, nous l'appellerons la famille diabolique; c'est le nom qu'elle mérite et qui lui appàrtient à tous les titres.

Nous n'avons pas à nous occuper spécialement de la famille en elle-même, dans son essence, et nous négligerons les considérations élevées auxquelles elle donne lieu; nous n'avons à nous occuper que de la haute importance du procédé sociétaire inventé par M. Fourier, qui fournit le moyen d'associer trois ou quatre cents familles inégales, en travaux domestiques, agricoles et manufacturiers, en répartissant le fruit du travail à chaque associé suivant son CAPITAL, son TRAVAIL et son TALENT. D'ailleurs M. Fourier accepte la société telle qu'elle est, et ne vient point la bouleverser; il vient édifier sans détruire. Il vient poser les bases d'un nouvel ordre social en constituant le ménage sociétaire, et il sait que c'est par l'organisation du travail social qu'il faut commencer. En effet ce n'est qu'en dirigeant toute l'activité humaine vers la production et la richesse qu'on peut apporter dans notre société de véritables améliorations, et non point par les mille utopies philosophiques, morales, représentatives, legislatives, constitutionnelles, républicaines, américaines, indouses, chinoises, qu'on nous ressasse depuis quelques années.

§ II.

Le système de morcellement et d'incohérence qui régit notre industrie civilisée est aussi l'antipode des vues de la Providence et la négation de tout esprit d'association, puisqu'il établit la discorde et la guerre entre les travailleurs, grâce à la concurrence anarchique prônée par les économistes. Il est en outre directement contraire à toute organisation et à toute amélioration du travail social.

« Il ne peut exister, dit M. Fourier, que deux mé-
» thodes en exercice d'industrie, savoir, l'état mor-
» celé ou cultures par familles isolées, telle que nous
» la voyons, ou bien l'état sociétaire, cultures en nom-
» breuses réunions qui connaîtraient une règle fixe
» pour répartir équitablement à chacun selon les trois
» facultés industrielles CAPITAL, TRAVAIL et TALENT.

» Lequel de ces deux procédés est l'ordre voulu
» par Dieu? est-ce le morcelé ou le sociétaire? Il n'y
» a pas à hésiter sur cette question : Dieu, à titre de
» suprême économe, a dû préférer l'association, gage
» de toute économie, et nous ménager, pour l'orga-
» niser, quelque procédé dont l'invention était la
» tâche du génie.

» En 1805, un physicien de Paris, M. Cadet de
» Vaux, s'extasiait dans les journaux sur l'énormité
» des bénéfices que produiraient une association d'un
» millier de villageois inégaux. Il n'osa pas aborder
» le problème : il commit la faute qu'on a commise
» depuis vingt-cinq siècles, se borner à des vœux sté-
» riles, au lieu de se livrer aux recherches selon le
» précepte *aide-toi, le ciel t'aidera.*

» On voit l'association s'introduire dans quelques
» menus détails d'économie rurale, comme *le four*
» *banal.* Un village de cent familles reconnaît que
» s'il fallait construire, entretenir et chauffer cent
» fours, il en coûterait en maçonnerie, combustible
» et manutention, dix fois plus que n'en coûte un

» four banal dont l'économie s'élèvera au vingtuple » ou trentuple si la bourgade contient deux ou trois » cents familles.

» Comment la politique moderne, tout enfoncée » dans les méticuleux calculs, dans les balances par » sous et deniers, n'a-t-elle pas songé à développer » ces germes d'économie sociétaire, et proposé d'é- » tendre aux villageois et citadins cette association » domestique, dont on trouve des lueurs dans notre » système social? Ne pourrait-on pas amener trois » cents familles de cultivateurs à une réunion action- » naire où chacun serait rétribué en proportion des trois » facultés industrielles : CAPITAL, TRAVAIL, TALENT? » Aucun économiste ne s'est occupé de ce grand » problème; cependant quelle serait l'énormité des » bénéfices dans le cas où l'on aurait un seul et vaste » grenier bien surveillé, au lieu de trois cents greniers » exposés aux rats et aux charançons, à l'humidité » et à l'incendie! Une seule cuverie pourvue de » foudres économiques au lieu de trois cents cuveries, » meublées souvent de trois cents futailles malsaines, » et gérées par des ignorans qui ne savent ni amé- » liorer, ni conserver les vins dont on voit chaque » année d'immenses déperditions!

» Ne nous effrayons plus des obstacles apparens, » puisque le problème est résolu, et osons envisager » l'immensité des économies sociétaires dans les plus » petits détails : cent laitières qui vont perdre cent » matinées à la ville seraient remplacées par un petit » char suspendu portant un tonneau de lait. Cent

» cultivateurs qui vont avec cent charrettes ou ânons » un jour de marché, perdre cent journées dans les » halles et les cabarets, seraient remplacés par trois » ou quatre chariots que deux hommes suffiraient à » conduire et servir. Au lieu de trois cents cuisines, » exigeant trois cents feux et distrayant trois cents » ménagères, la bourgade aurait une seule cuisine à » trois feux, et trois degrés de préparation pour les » trois classes de fortune; dix femmes suffiraient à » cette fonction, qui, aujourd'hui, en exige trois » cents.

» On est ébahi quand on évalue le bénéfice colossal » qui résulterait de ces grandes associations : à ne » parler que du combustible, devenu si rare et si » précieux, n'est-il pas certain que dans les emplois » de cuisine et de chauffage, l'association épargne- » rait les 7/8 du bois que consomme le système ac- » tuel, le mode incohérent et morcelé qui règne dans » nos ménages ?

» Le parallèle n'est pas moins choquant si l'on » compare spéculativement les cultures d'un canton » sociétaire, gérant comme une seule ferme, et les » mêmes cultures morcelées soumises aux caprices » de trois cents familles. L'un met en prairie telle » pente que la nature destine à la vigne; l'autre place » du froment là où conviendrait le fourrage; celui-ci, » pour éviter l'achat du blé, défriche une pente » raide que les averses déchausseront l'année sui- » vante; celui-là, pour éviter l'achat de vin, plante » des vignes dans une plaine humide. Les trois cents

» familles perdent leur temps et leurs frais à se barricader par des clôtures et plaider sur des limites » et des voleries; toutes se refusent à des travaux » d'utilité commune qui pourraient servir des voisins » détestés; chacun ravage à l'envi les forêts, et oppose partout l'intérêt particulier au bien public. »

Enfin le système d'industrie sociétaire de M. Ch. Fourier vient mettre un terme à cette cacophonie sociale qu'il serait superflu d'analyser plus longuement, et que personne ne voudra révoquer en doute. Il ne s'agit plus que de faire connaître ce régime sociétaire. Il suffirait déjà, pour le faire apprécier, de dire qu'il est directement l'opposé de notre régime civilisé et morcelé, et qu'il produit conséquemment, en place d'effets vicieux, tous les effets contraires.

§ III.

Le système social de M. Fourier n'est point basé sur une conception purement imaginaire comme le sont tous les vains systèmes philosophiques, politiques et moraux qui ont régi le monde civilisé jusqu'à présent : il a pour base une science fixe et mathématique comme celle de Newton. C'est enfin la science sociale coordonnée aux sciences exactes. Le premier caractère de cette science est de faire disparaître à jamais l'arbitraire de toute législation.

Cette science a pour but direct de rechercher, de combiner régulièrement et avec certitude, tous les moyens de développer harmonieusement dans une direction sociale l'activité intégrale de l'homme, c'est-à-dire toutes les passions et facultés qu'il a reçues de la nature pour son bonheur personnel et pour celui de ses semblables.

Le caractère le plus élevé de cette science est de donner à l'homme pour guide suprême de ses actions au sein de la vie, le sentiment que la conscience éclaire, assignant le second rôle au raisonnement, ainsi que Dieu lui-même l'a voulu, puisque nous commençons par sentir avant que d'apprendre à raisonner. Le raisonnement n'a été donné à l'homme que comme auxiliaire du sentiment et de l'intelligence, comme l'instrument indispensable pour l'aider dans la recherche du bonheur, but éternel de toute son activité, et non pour être son guide, puisque le raisonnement (ou élément rationnel) n'est point, par lui-même, un mobile d'action.

Le dernier terme de la science sociale de M. Fourier est l'Unité; et c'est aussi en partant de la donnée première qu'il y a unité de système dans l'Univers, que M. Fourier est arrivé à la découverte de la loi du développement des sociétés humaines et de l'ordre sociétaire auquel le Créateur nous a destinés.

Le Créateur a soumis tous les mondes et tous les êtres organisés à une loi unique : la loi de l'attraction et de la gravitation; aussi bien les mondes célestes que les mondes terrestres, et depuis les sociétés d'astres jusqu'aux sociétés d'abeilles et de fourmis, lesquelles se gouvernent elles-mêmes en vertu de leur attraction industrielle.

Si l'Humanité n'est pas hors d'unité avec l'Univers, et on ne saurait l'admettre sans nier l'unité, la loi de l'attraction, aussi bien passionnelle que matérielle, est donc aussi la loi de l'Humanité. L'attraction est donc la seule boussole de révélation permanente que Dieu aît donnée à l'homme pour se diriger dans la vie. C'est ce que M. Fourier démontre avec une évidence parfaite (1).

Ainsi nous considérons comme un fait incontestable, absolu et accepté que la loi de l'attraction passionnelle et matérielle est la loi de l'Humanité comme de l'Univers, et que l'homme doit obéir à ses impulsions naturelles pour se guider dans ses travaux industriels et dans ses relations sociales. La fonction législative de l'homme dans l'Humanité est donc seulement de rechercher les moyens de développer et de régulariser toute son activité, de faire naître toutes les circonstances favorables à ce développement.

En conséquence, le problème à résoudre était d'inventer un procédé sociétaire dont la combinaison fût telle qu'en donnant un libre développement aux

(1) Nous devons prévoir cependant une objection qu'on pourra faire ; on dira : Si la loi de l'attraction matérielle et passionnelle est la loi de l'unité, et si l'Humanité jusqu'à présent a été dans le chaos et s'est développée par la contrainte, elle n'a donc pas toujours suivi sa loi d'attraction ; l'Unité n'a donc pas toujours existé dans l'Univers, puisque tout est lié ? Nous ne répondrons point ici à cette objection, parce qu'elle nous éloignerait inutilement de notre but, mais nous avons voulu aller au-devant, pour montrer que nous y avons pensé, et que nous pouvons y répondre si on voulait la présenter sérieusement, malgré qu'elle ne soit pas d'un intérêt direct.

passions, facultés et impulsions attractionnelles dont l'homme est doué, il en résultât le bien-être individuel et collectif de la société.

M. Fourier dit : Toutes les passions humaines, dans leur essor *naturel*, *libre*, *spontané*, *instinctif*, sont bonnes et utiles, puisque c'est Dieu lui-même qui les a créées. Il faut donc les développer avec harmonie, dans un but social et unitaire, en les dirigeant directement vers la production au lieu de les laisser s'exercer comme aujourd'hui à la destruction. Les passions sont des forces qu'on ne peut comprimer impunément.

En conséquence, il a étudié et analysé le système passionnel de l'homme, et recherché l'organisme social le plus convenable au développement de son activité intégrale. Il a reconnu d'abord que l'homme est doué de douze passions radicales, savoir : cinq passions sensitives tendant au luxe (externe et interne ou richesse et santé);

Quatre passions affectives, ou de l'ame, tendant aux liens affectueux;

Et trois passions également animiques tendant à la socialisation. Ces trois dernières passions sont moins connues que les neuf autres, parce que, jusqu'à M. Fourier, elles n'avaient pas été bien observées. Elles ont pour caractère distinctif le penchant naturel au changement, à l'émulation et à l'enthousiasme.

Mais pour que l'homme puisse diriger librement ses passions et facultés vers un but utile et productif, la première et la plus importante condition du problème était de savoir rendre le travail attrayant, de telle sorte qu'il procurât autant de plaisir au travailleur que les fêtes et les spectacles mêmes; sans quoi les fêtes et les spectacles ne feraient que lui rendre le travail plus insupportable et l'inviteraient à l'oisiveté. D'ailleurs sans le travail attrayant, il n'y a pas de liberté possible pour l'homme, puisque s'il est OBLIGÉ de travailler par nécessité et passer sa vie, ou une partie de sa vie, à un travail répugnant, pour se procurer des moyens d'existence, c'est assurément là un terrible esclavage. Aussi les pauvres ouvriers de nos fabriques et de nos campagnes, forcés de travailler souvent quinze ou seize heures par jour à un travail abrutissant monotone, et exténuant qui ne suffit même pas à leurs besoins, sont-ils profondément esclaves.

« L'homme, dit l'Écriture, est fait pour travailler comme l'oiseau pour voler. » Cette maxime est d'une parfaite vérité; mais l'oiseau vole partout où il lui plaît de voler, et suit librement les penchans et les instincts que la nature lui a donnés; à plus forte raison l'homme doit-il suivre librement ses penchans et ses impulsions attractionnelles, et aller partout où il lui plaît d'aller exercer son activité, sans quoi il serait inférieur à l'oiseau en fait de liberté.

Voici un passage de M. Fourier où se trouvent indiquées les conditions que doivent remplir le travail sociétaire attrayant.

« Le travail sociétaire, pour exercer une forte at-
» traction sur le peuple, devra différer en tout point

» des formes rebutantes qui nous le rendent si odieux » dans l'état actuel. Il faudra que l'industrie socié» taire, pour devenir attrayante, remplisse les con» ditions suivantes :

» 1° Que chaque travailleur soit associé, rétribué » par dividende, et non pas salarié.

» 2° Que chacun, homme, femme ou enfant, soit » rétribué en proportion des trois facultés, CAPITAL, » TRAVAIL et TALENT.

» 3° Que les séances industrielles soient variées » environ huit fois par jour, l'enthousiasme ne pou» vant se soutenir plus d'une heure et demie ou deux » heures dans l'exercice d'une fonction agricole et » manufacturière.

» 4° Qu'elles soient exercées avec des compagnies » d'amis spontanément réunis, intrigués et stimulés » par des rivalités très-actives.

» 5° Que les ateliers et cultures présentent à l'ou» vrier les appâts de l'élégance et de la propreté.

» 6° Que la division du travail soit portée au su» prême degré, afin d'affecter chaque sexe et chaque » âge aux fonctions qui lui sont convenables.

» 7° Que dans cette distribution chacun, homme, » femme ou enfant jouisse pleinement du droit au » travail, ou droit d'intervenir dans tous les temps » à telle branche de travail qui lui conviendra de » choisir, sauf à justifier de probité et d'aptitude.

» 8° Enfin que le peuple jouisse, dans ce nouvel » ordre, d'une garantie de bien-être, d'un minimum » suffisant pour le temps présent et à venir, et que

» cette garantie le délivre de toute inquiétude pour » lui et les siens.»

Ainsi chaque genre, espèce ou variété de travail d'une réunion sociétaire, n'est plus, comme aujourd'hui, exécuté par un seul homme qui y consume sa vie et sa santé; il est exécuté en séances courtes et variées par des groupes et des séries de groupes de travailleurs, hommes, femmes ou enfans, librement et passionnément associés en raison de leurs affections individuelles et de leurs penchans naturels pour tel ou tel genre de travail soit de ménage, de cuisine ou de culture, soit d'art ou de science.

Il faut excepter de cette méthode de travail quelques travaux spéciaux de sciences et d'arts, peu nombreux, tels qu'invention d'une machine nouvelle, composition d'un poème ou d'une œuvre dramatique.

Tous les groupes de travailleurs fonctionnent corporativement entre eux par affinités et discords, ou rivalités industrielles, par série de groupes équilibrés, engrenés et rivalisés, puisque la rivalité est le principe de l'émulation, de l'accroissement et de la perfection des produits.

« Exemple : Douze groupes cultivent douze fleurs » différentes; la tulipe est soignée par un groupe, la » jonquille par un autre groupe, etc. L'ensemble » de ces douze groupes ligués forme une série de » fleuristes qui a pour fonction de genre le soin des » fleurs, et où chaque groupe a pour fonction d'es- » pèce le soin de telle fleur qu'il affectionne spécia- » lement et émulativement.»

Il est donc certain que chaque groupe tendra à faire triompher son genre de culture pour remporter le prix sociétaire, ou pour ne pas encourir de disgrâce d'amour-propre. Il en sera de même pour tous les genres de travaux quels qu'ils soient et quel que soit l'ordre élevé auquel ils appartiendront. Si nous prenons nos exemples dans un ordre de travail qui paraîtra peut-être prosaïque à nos beaux-esprits philosophiques, ce n'est pas que nous ne puissions les choisir dans un ordre plus noble selon eux, mais nous les prenons à dessein dans l'ordre le plus familier, pour montrer surtout que le procédé sociétaire de M. Fourier atteint jusqu'aux plus petits détails du travail social. D'ailleurs il ne faut pas dédaigner ces petits détails, quelque peu importans qu'ils puissent paraître au premier abord, car ils contiennent en eux-mêmes tout le secret du bonheur public.

A l'aide de l'extrême division du travail qu'on peut pousser jusqu'à l'infini, de son extrême variété et de son exécution par des groupes exerçant en courtes séances, on arrive avec une facilité merveilleuse à combiner tous les efforts des travailleurs, à diriger les passions de l'homme vers la production en répandant, surtout par le stimulant des affinités et rivalités industrielles (ou concurrence sociétaire), le plus grand charme sur le travail social.

Mais toutes ces rivalités, dira-t-on, ne peuvent-elles pas engendrer des mésintelligences et des discordes au sein de l'association? Nullement, et l'on en a une garantie mathématique, parce que la multiplicité, la variété de travaux et l'exercice parcellaire en courtes séances donnent le moyen à deux groupes, par exemple, qui se trouvaient en rivalité pour tel genre de culture, de se trouver en affinité, dans une série différente, pour un autre genre de travail; de même que s'ils ont été vaincus sur un point, ils peuvent être vainqueurs sur un autre. Ainsi un groupe de travailleurs qui a perdu le prix sur la culture des poires peut le remporter sur la culture des pêches. En outre, dans une culture quelconque, grâces à la division du travail, ce n'est pas le même groupe qui exécute tous les travaux nécessaires à cette culture; ainsi le groupe du labourage n'est pas celui qui exécute la taille des arbres; si bien que plusieurs groupes se trouvent liés pour la réussite d'une même culture. Mais ce n'est pas tout : par la recomposition des groupes, il arrive que deux antagonistes qui étaient en discord ou rivalité dans deux groupes différens, vont se trouver en accord dans un même groupe au travail duquel ils participeront, et tel qui se trouvait inférieur dans un groupe peut se trouver supérieur dans un autre. Ainsi, dans notre ordre social actuel, nous voyons déjà que tel qui est chef d'un orchestre ou groupe de musiciens peut être au dernier rang dans une compagnie de garde nationale, commandée par le dernier exécutant de l'orchestre dont le talent en exercice militaire peut se trouver très-supérieur à son talent en exercice musical.

C'est ainsi que, par ce procédé sociétaire, les accords et discords, en toutes relations, sont compensés et équilibrés directement ou indirectement, soit par l'esprit corporatif, soit par les affections individuelles en même temps, et qu'il ne peut naître aucune haine ni mécontentement réel qui ne s'efface un instant après (sauf de très-rares exceptions). Et si l'on considère qu'un associé peut prendre part dans une journée au moins à huit ou dix groupes ou intrigues industrielles différentes, il sera facile de concevoir que tout en développant les passions de l'homme, on peut faire régner le bon ordre et la bonne intelligence entre tous les associés d'une réunion sociétaire ou phalange industrielle, et que de cette bonne intelligence naîtront le bien-être, puisqu'en définitive le résultat de toutes les rivalités est d'augmenter la somme des richesses et des jouissances sociales.

Il est à propos de dire que, malgré lu multiplicité de travaux auxquels l'homme peut prendre part, il n'en a pas moins une spécialité réelle qui le distingue, un genre de travail pivotal qu'il affectionne davantage, comme étant en rapport plus intime avec sa nature, sa vocation ou son caractère. Cette spécialité détermine sa fonction, et le fait appartenir plus particulièrement, lui donne rang dans telle série ou dans telle branche de l'activité sociale.

Dans tous les ordres possibles du travail sociétaire, depuis le plus bas échelon jusqu'au plus élevé, tous les chefs de groupes ou du travail sociétaire sont élus librement par chaque groupe, de même que les chefs de séries sont élus par les séries. Pour faire mieux comprendre ce mode d'élection, prenons pour comparaison l'ordre militaire, en y supposant le principe de l'élection admis. Ainsi chaque caporal sera élu par son escouade, chaque lieutenant par son peloton, chaque capitaine par sa compagnie, chaque chef de bataillon par son bataillon, et chaque colonel par son régiment.

Il y a dans chaque phalange sociétaire beaucoup de dignitaires, puisqu'il faut un chef de groupe et un chef de série par chaque genre et espèce de travail distinct. Ainsi il y aura les chefs de groupes et de série musicale, les chefs de groupes et de série chorographique, les chefs de groupes et de série culinaire, les chefs de groupes et de série de fleuristes, etc., etc. Il n'y a que le chef de la réunion sociétaire qui soit héréditaire, parce que la fonction héréditaire est le seul moyen d'établir l'ordre des transmissions généalogiques.

Le principe de l'élection est applicable à toutes les séries de phalanges d'une contrée, d'une province, d'un royaume, d'un empire, etc. Le même mode d'élection a lieu de phalange à phalange pour l'élection des chefs et grands dignitaires de la contrée, de la province, de l'État, dans chacune des branches de l'activité humaine, excepté pour les chefs héréditaires de tous les degrés.

§ IV.

Le principe du groupe et de la série est le principe

FIXE ET ABSOLU de la Théorie sociale de M. Fourier. C'est aussi le principe inaltérable et indestructible de tout ordre social combiné, c'est l'ÉLÉMENT GÉNÉRATEUR ET ORGANIQUE de l'unité humanitaire, comme de l'unité de l'Univers.

Ce principe du groupe et de la série n'est point arbitraire, car c'est celui adopté par le Créateur lui-même dans la distribution de tout l'Univers et de tous les règnes de la Nature. En effet, le monde astronomique est une combinaison de groupes et de séries de groupes ; tous les règnes de la Nature procèdent de même par groupes et par séries de groupes (ou familles) divisés par genres et espèces. S'il y a unité de système dans l'Univers, il est incontestable que le même principe est commun à l'ensemble et aux détails les plus minimes, et qu'il est le principe fondamental de l'organisation sociale de l'humanité.

Dans nos sociétés anarchiques ce principe ne peut même pas être anéanti entièrement, seulement il n'est pas combiné. Qu'est-ce qu'une famille, si ce n'est un groupe? qu'est-ce qu'une commune, si ce n'est une série de groupes appelés familles? qu'est-ce qu'un arrondissement, si ce n'est une série de cantons? L'arrondissement à son tour forme un groupe d'un ordre supérieur dont la série compose le département; de même la série de départemens compose la province, et la série de provinces le royaume.

Il suffirait donc de fonder le régime sociétaire dans une commune, aujourd'hui à l'état anarchique ou morcelé, pour qu'il s'établît promptement dans un royaume qu'il ferait bientôt changer de face, et bientôt il s'étendrait à toute l'humanité.

Ainsi, d'une part, le groupe et la série de groupes étant l'élément générateur de l'unité sociale; et d'autre part, la loi de leur composition et de leur mouvement étant connue, il est évident qu'en établissant sur un point du Globe une série déterminée de groupes, ou réunion de familles à l'état sociétaire comme premier élément générateur et organique, on peut arriver à constituer pacifiquement l'unité sociale et politique du Globe; car il s'établira de nouvelles réunions de familles sociétaires, lesquelles concourront à former une série qui composera un canton. De ce premier canton comme groupe d'un ordre supérieur, on s'élèvera à la série de cantons, de la série de cantons à l'arrondissement, de la série d'arrondissemens au département, de la série de départemens à la province, de la série de provinces au royaume, de la série de royaumes à l'empire, et ainsi de suite jusqu'à la systématisation complète et hiérarchique de l'unité sociale et politique du Globe, qui n'est aussi qu'une série d'empires ou groupes d'un ordre très-élevé, comme le Globe lui-même forme un ensemble de séries, un élément d'un ordre supérieur qui concourt à la formation d'un groupe, et d'une série d'astres du monde sidéral.

Nous devons faire observer qu'il n'est pas nécessaire, pour opérer la transformation du globe et le faire passer au nouvel ordre social, que le régime sociétaire soit établi dans tout un royaume avant de passer à un autre ; il serait mieux, au contraire, qu'il s'établît sur divers points et dans plusieurs royaumes à la fois, afin de créer aussitôt des relations amicales.

Les considérations qui précèdent suffisent pour faire apprécier la haute valeur du système social de M. Fourier. Nous croyons utile de donner maintenant quelques détails sur l'organisation intérieure d'une phalange ou réunion sociétaire, qui se compose en grande échelle de seize à dix-huit cents personnes.

§ V.

L'ordre sociétaire de M. Fourier établit d'abord la distinction très-importante des sexes, qu'il divise en trois genres, savoir : le sexe masculin, le sexe féminin et le sexe neutre ou sexe impubère. Cette distinction assigne d'abord à l'enfance un rang social qu'elle n'avait point encore eu. Les trois sexes donnent lieu à la formation de tribus et corporations distinctes qui ont chacune leur caractère social et pour attributions les fonctions les mieux assorties à leur sexe, à leur âge et à leurs aptitudes. Chacune des tribus compose des groupes et séries de groupes de genre distinct qui ont pour chefs naturels et élus les sociétaires du même sexe. Ainsi l'homme, la femme et l'enfant sont placés en tête des tribus, corporations, groupes et séries de groupes de leur sexe respectif. Cependant la Nature ayant donné à un tiers environ des femmes des aptitudes et penchans masculins, et à un tiers des hommes des aptitudes et penchans féminins, cette sage disposition étant nécessaire à lier entre elles les diverses tribus et séries industrielles, les groupes de travailleurs se composent, dans beaucoup de circonstances, d'hommes et de femmes; mais les groupes et les séries de groupes ainsi composés, ont généralement pour chefs les sociétaires du sexe qui est en majorité dans le groupe ou dans la série.

Dans l'ordre sociétaire les dignités et les grades appartiennent également aux trois sexes, et correspondent à des fonctions déterminées, contrairement à notre ordre civilisé, où le titre d'une femme est purement nominal, et « où madame la présidente ne préside rien, madame la maréchale ne commande rien, madame la reine ne gouverne rien. » Ainsi le sexe féminin, quelle que soit la nature de ses travaux, a le même rang social, la même importance que le sexe masculin. Chacun des trois sexes perçoit distinctement sa part du dividende sociétaire en raison de ses trois facultés industrielles, CAPITAL, TRAVAIL ET TALENT, de sorte qu'ils sont, sous le rapport pécuniaire notamment, fort indépendans les uns des autres, et peuvent fournir chacun à leur dépense et à leur entretien, suivant leurs goûts et leurs penchans, sans être obliigés d'être à charge l'un à l'autre comme nous le voyons dans le ménage diabolique, au grand préjudice de la bonne intelligence entre les tendres époux et les tendres enfans.

Les tribus des trois sexes donnent encore lieu, suivant les âges et les différens états de la vie sociale, à une subdivision corporative destinée à régulariser les relations entre les sexes. Ainsi l'état d'époux et d'épouse étant très-distinct de celui de garçon et de fille dans l'adolescence, et ce dernier état étant distinct aussi de celui des jeunes fiancés, ces différens états de la vie donnent lieu à des rapports également très-différens. Il faut donc éviter une confusion contraire aux bonnes mœurs et d'où pourrait naître l'hypocrisie, qui doit être soigneusement bannie, en toutes relations, d'un ordre sociétaire véridique.

L'organisation de l'enfance est une des choses les plus séduisantes de l'ordre sociétaire. Les enfans sont organisés en tribus et corporations suivant les différens âges, et placés sous la tutelle des patriarches (hommes et femmes) de la phalange, chez lesquels la passion du familisme est dominante, et dont la force corporelle ne leur permet plus de prendre part aux travaux qui demandent beaucoup de vigueur et d'activité. Toutes ces tribus enfantines prennent part, suivant leurs degrés d'aptitude, au travail sociétaire, et sont chargés des menus travaux à la portée de leur âge. Pour exciter leur zèle on leur donne de petits outils proportionnés à leur force, qui leur servent en même temps de jouets et de moyens de développer ou faire éclore leurs vocations industrielles.

Chaque tribu de l'âge supérieur est le guide naturel et le censeur de l'âge immédiatement inférieur, car ce n'est plus comme aujourd'hui, contrairement au vœu de la nature, le père et la mère qui doivent morigéner et punir leurs enfans ; il est bien plus naturel qu'ils les caressent. L'éducation est donnée unitairement, et par gradation, à l'enfance en procédant de la pratique à la théorie, au lieu de procéder de la théorie à la pratique, comme cela se fait avec un inconcevable ridicule dans l'ordre philosophique ou monde à rebours où nous vivons.

Tous les enfans sont élevés aux frais de la phalange jusqu'à l'âge de trois ans, époque à laquelle ils peuvent ensuite avoir part au dividende sociétaire et fournir seuls à leur entretien.

Les enfans du plus bas âge sont élevés et soignés, dans des salles séparées qui leur sont affectées, par les femmes de la phalange qui ont un penchant direct et un tempérament convenable pour les soins de l'enfance; ce qui n'empêche nullement les mères d'avoir soin elles-mêmes de leurs enfans si elles le désirent; mais comme la nature n'a donné le goût et les qualités requises pour le soin des enfans qu'à un petit nombre de femmes (environ 1/12), il est clair que le reste les soigneraient très-mal. C'est ce que nous voyons dans nos villes, surtout à Paris, où les femmes sont en général obligées de mettre leurs enfans en nourrice quand elles n'ont pas le moyen de prendre des bonnes chez elles. Elles aimeront donc beaucoup mieux voir soigner leurs enfans sous leurs yeux par des bonnes et des nourrices d'un tempérament convenable qui s'occuperont passionnément du soin de l'enfance, que de les envoyer à 10 ou 20 lieues; car sans avoir le moindre soin de leurs enfans elles pourront les voir quand elles le voudront, et présider à leur développement et à leur éducation.

Dans l'ordre sociétaire les travaux sont rétribués en raison inverse de leur attraction ; ainsi le travail le moins attrayant sera celui qui aura droit au plus fort dividende. Par exemple la culture du blé, beaucoup moins attrayante que celle des fleurs, sera payée beaucoup plus.

Les travaux privés totalement d'attraction, dont le nombre tendra beaucoup à diminuer par le fait même de l'association, sont exécutés par les corporations d'enfans de neuf à treize ans, que M. Fourier désigne sous le nom de petites hordes. Et nous voyons, en effet, que la sage nature a donné à la plupart des enfans un goût décidé et incorrigible pour la malpropreté. Les moralistes et les pédans vont sans doute se récrier ici et vouloir qu'on moralise les enfans. Laissons-les se récrier. Dieu! que vont-ils dire quand ils sauront que dans le régime sociétaire on favorise le penchant naturel qu'ont les enfans à la gourmandise, et qu'on ne les nourrit plus que de compotes, de confitures et des crêmes sucrées, contrairement aux saines doctrines qui veulent que l'enfant boive de l'eau et mange du pain sec pour s'habituer à devénir un bon philosophe? On n'ose se le demander. Mais revenons à nos travaux sociétaires.

Ces corporations d'enfans sont chargées aussi de la police des routes et de leur entretien d'une phalange à l'autre. On sait que les enfans ont beaucoup d'amour-propre et ne sont pas indulgens : cet âge est sans pitié comme, dit Lafontaine : aussi les délinquans auront fort à faire avec ces petits gendarmes, qui formeront par la suite une petite cavalerie montée sur chevaux nains. Par compensation à leur travaux peu attrayans, ils ont dans la phalange un des premiers rangs honorifiques aux revues et parades, ce qui est un stimulant très-vif pour les enfans.

C'est ainsi que l'ordre sociétaire répand l'attraction par voie indirecte sur les travaux qui en sont privés naturellement. Ainsi, chaque corporation ayant des fonctions déterminées à remplir et des attributions distinctes, il est facile d'établir, par des avantages compensatifs, l'attraction sur toutes les branches de l'activité sociale. Par exemple le service des tables est fait par la corporation des pages et pagesses, et comme ce service est un assujétissement, il est nécessaire de donner un grand lustre à ce corps. En conséquence il aura sur les autres un caractère distingué en ce qu'il ne pourra se composer que des plus beaux garçons et des plus belles filles de la phalange. L'admission dans cette corporation, loin d'être dédaignée, sera au contraire très-difficile et très-briguée.

La cuisine, dans l'ordre sociétaire, tient un rang très-important, car à quoi bon cultiver, perfectionner et accroître les produits, si ce n'est pour en jouir? M. Fourier l'élève en conséquence au rang d'INSTITUT GASTROSOPHIQUE!... Pour le coup, les moralistes vont avoir beau jeu contre ces infamies. Il est vrai qu'ils trouveront dans les bons dîners d'amples compensations, et je ne sache pas qu'ils en soient ennemis, si ce n'est dans leurs livres. Les fonctions de hauts cuisiniers, ou chefs de séries culinaires, sont des fonctions d'un ordre tout aussi élevé que les autres fonctions de l'ordre industriel, et les titulaires seront aussi des dignitaires de la phalange et de l'État, contrairement à la société actuelle, où les cuisiniers sont des malheureux souvent très-avilis pour les récompenser du bien-être qu'ils nous procurent. Mais telle est la gratitude des Nations civilisées ou philosophiques.

Pour que l'on ne croie pas que la table soit exclusivement en honneur dans le régime sociétaire, empressons-nous de dire qu'il y a dans chaque phalange, pour pendant à l'institut gastrosophique, l'INSTITUT CHORÉGRAPHIQUE et MUSICAL, c'est-à-dire l'opéra, où l'on se livrera à l'art dramatique. Cet institut assure aux poètes, aux musiciens, aux peintres et aux artistes de tous genres le plus brillant avenir.

Il est inutile de dire, sans doute, qu'à la quantité de baraques et masures morales qui forment une commune aujourd'hui, on substitue un bâtiment régulier, avec galeries couvertes, pour loger la phalange sociétaire.

Nous ne nous étendrons pas plus longuement sur la description du régime sociétaire, que nous n'avons pu faire connaître que très-superficiellement.

§ VI.

Il nous reste maintenant a prémunir les hommes de

bonne foi contre les objections les plus importantes qui sont faites ou que l'on peut faire au régime sociétaire, dont beaucoup de gens parlent sans le connaître.

On ne saurait contester la nécessité d'organiser le travail social, et de rendre l'industrie attrayante. Mais aux mots de développement des passions, d'émancipation de la femme, tous les soutiens de la philosophie, de la morale et des *saines doctrines* politiques, s'insurgent, car ils entendent ordinairement par ces mots des choses abominables. Il nous paraît donc indispensable d'établir un plaidoyer en faveur des passions et des femmes pour montrer aux détracteurs eux-mêmes qu'il est d'abord très-funeste de comprimer les passions, et ensuite que leur développement n'a rien qui puisse effrayer, même les hommes les plus vertueux et les plus purs. C'est au contraire ces hommes qui s'y montreront le plus favorables. Néanmoins il est juste de dire que tant que la loi du développement régulier des passions n'a pas été trouvée, il pouvait paraître sage de les comprimer; mais il y aurait eu bien plus de sagesse à chercher cette loi.

Les objections ne pouvant être faites que par les philosophes et les moralistes ou idéologues qui ont encore une assez grande influence sur la société, et notamment sur les esprits faibles et les consciences timorées, c'est donc aux philosophes et aux moralistes que nous nous adressons, et nous leur disons :

Messieurs,

Depuis plus de cinquante siècles l'humanité se développe par le sacrifice et la contrainte, caractère essentiel de toutes les institutions du passé. N'est-il pas temps qu'elle se développe par la satisfaction pleine et entière de tous ses désirs et de toutes ses passions, par la LIBERTÉ enfin, d'où peut seule naître le bonheur qui n'est lui-même que cette satisfaction. L'humanité veut la liberté, elle ne veut plus de contrainte ni de sacrifice, et si elle s'agite si violemment depuis trois mille ans, c'est assurément pour s'en délivrer.

L'homme a des passions que Dieu lui-même a créées et qui sont indestructibles; il faut donc trouver le moyen de les socialiser, en les faisant concourir au bonheur même de l'homme, car ce n'est pas pour rien sans doute que Dieu les lui a données.

Jusqu'à présent les philosophes, les législateurs, les prêtres et les moralistes ne se sont étudiés qu'à éteindre les passions humaines au lieu de chercher la loi de leur développement. C'est là une grande impiété; bien vaine en même temps, car Dieu construit trop solidement pour que des hommes puissent détruire son ouvrage, surtout son plus sublime ouvrage. Et que serait un homme sans passions? une brute, un automate, rien de plus; et Dieu n'a pas voulu créer des automates, sans quoi il n'avait pas tant besoin de s'ingénier. Les philosophes, les législateurs, les prêtres et les moralistes, au lieu d'étudier les passions de l'homme et le système de la Nature, n'ont su que forger des milliers d'étroits systèmes dans lesquels ils ont voulu encadrer l'homme, et comme l'homme ne pouvait s'y encadrer, ils se sont mis en devoir de le sermoner, de le moraliser, de le rogner à qui mieux mieux, afin de l'ajuster à leurs mesquines idées; anathématisant, emprisonnant ou conduisant au supplice ceux qui se révoltaient contre leur tyrannie.

Ainsi l'homme se sentant toujours opprimé, s'est sans cesse insurgé contre ses aveugles oppresseurs, et les a renversés eux et leurs systèmes, et sans cesse de nouveaux oppresseurs se sont présentés; mais au moins ont-ils dû faire de plus en plus quelques nouvelles concessions. Il est résulté de là, néanmoins, que les peuples se sont habitués à ne plus voir que des tyrans et des despotes dans leurs gouvernans, et c'est à eux qu'ils ont toujours attribué la cause de leurs malheurs; c'est toujours eux qu'ils ont attaqués ou abandonnés quand on les attaquait; c'est qu'en effet ceux qui gouvernent les peuples sont chargés de les rendre heureux; c'est pour eux un devoir, et quand ils ne savent pas le remplir, il est naturel que les peuples cherchent à se soustraire à leur domination tyrannique. Ainsi, le progrès de l'humanité a surtout consisté à élargir de plus en plus le milieu dans lequel l'homme pouvait se développer, c'est-à-dire développer ses passions et ses facultés; c'est là au fond toute l'histoire de l'humanité, qui n'est autre que l'histoire du développement de ses passions.

Les philosophes, les législateurs, les prêtres et les moralistes, au lieu de suspecter leurs systèmes, ont toujours intenté un procès à l'homme, tandis qu'en bonne logique c'était le Créateur qu'il fallait accuser et traduire à leur barre pour qu'il ait à rendre compte de sa conduite et faire amende honorable; car, véritablement, c'est Dieu qui est l'éternel ennemi du repos public, et qui excite perpétuellement à la haine et au mépris des gouvernemens et des rois.

Vous voulez supprimer les passions humaines, contre lesquelles vous ne cessez de tonner vous-même avec beaucoup de passion, ce qui est, de votre part, fort singulier. Mais vous n'ignorez pas sans doute que les principales passions de l'homme ont des organes qui servent à les exprimer et à les développer? Pourquoi ne proposez-vous pas aussi de les supprimer? cela paraît être une conséquence toute naturelle, et vous vous élèveriez ainsi d'emblée du mode simple au mode composé. Par exemple, que ne vous empariez-vous de cette belle idée de la circoncision? en la développant suffisamment, je ne doute pas que vous soyez arrivés, dans l'application, à de très-beaux résultats. Cela pouvait même vous fournir le moyen de résoudre avec beaucoup de facilité ce grand problème de l'équilibre de population devant lequel a échoué le génie des économistes modernes, entre autres Malthus et Bentham, qui n'ont guère trouvé qu'un moyen analogue à celui que je viens de vous indiquer, et qui consiste à déconseiller le mariage aux pauvres ouvriers.

Mais puisque vous voulez éteindre les passions, comment se fait-il que vous ne commenciez pas par vous-mêmes, et qu'on vous voie, en général, très-passionnés pour les bonnes places, les dignités, les richesses perfides et même les bons dîners? Quand vous ne pouvez y atteindre, vous devenez alors avec beaucoup de passions de fougueux champions de la sainte égalité philosophique et morale.

On ne peut donc pas éteindre les passions; il faut transiger avec elles.

Jusqu'à présent les passions se sont exercées directement de l'homme sur l'homme par l'exploitation de l'homme par l'homme, au lieu de s'exercer directement de l'homme sur le globe par l'exploitation directe du globe par l'homme, en leur donnant ainsi un but utile. Si donc vous ne les dirigez pas vers la production, elles s'exerceront vers la destruction; c'est ainsi que, depuis un temps immémorial, les cabales et les rivalités philosophiques, politiques et religieuses ont suscité les guerres et les révolutions. Or aucune puissance humaine ne saurait empêcher les cabales et les rivalités d'exister, car elles sont dans la nature, puisque c'est le principe de l'émulation et des perfectionnemens; mais au lieu qu'elles soient politiques ou destructives, ce qui est tout un, il faut qu'elles soient industrielles et productives, ce qui est aussi tout un, avec un résultat bien différent.

Croyez vous donc, Messieurs, lorsqu'on vous parle de donner essor aux passions, qu'on veuille donner essor aux vices et aux penchans honteux? et croyez-vous qu'on veuille autoriser le meurtre et l'incendie ou même la pédérastie? Il y aurait une insigne mauvaise foi à le supposer. D'ailleurs tous les mauvais penchans, comme ceux au meurtre et à l'incendie, ne sont pas des passions humaines, ce sont des effets de passions violemment comprimées et qui ont pris l'essor subversif, tant il est vrai que les passions sont incompressibles. Ainsi il est sans doute tel homme du bagne, tel incendiaire ou tel voleur qui, s'il avait pu développer régulièrement les facultés et passions que la nature lui a données, serait peut-être l'ornement de la société. Voyez l'exemple d'Hippolyte Raynal.

Vous auriez donc complétement tort de croire que le développement des passions peut donner lieu à tous les effets de passions faussées que nous voyons aujourd'hui: c'est précisément le contraire. Croyez-vous, par exemple, que si le peuple n'était pas pendant toute une semaine livré à un travail rebutant, qui lui donne à peine le moyen de se procurer une chétive existence, et s'il avait pendant toute cette semaine un travail attrayant, une bonne nourriture et de bon vin, on le verrait aller se livrer à l'ivrognerie les dimanches et les lundis dans les cabarets!

Si les désœuvrés de nos villes pouvaient aussi développer leurs passions dans un travail amusant et dans des intrigues industrielles très-variées et très-actives, ou bien dans la participation qu'ils prendraient aux spectacles sociétaires, on ne les verrait certainement pas tomber dans la débauche et corrompre les malheureuses filles des prolétaires.

Il faut vous dire, Messieurs, que faute de connaître les choses dont vous traitez, vous confondez presque toujours une passion avec l'effet qu'elle produit, c'est-à-dire que vous prenez souvent l'effet pour la cause, et que, voyant un effet de passion vicieux, vous en inférez que c'est la passion elle-même qui est vicieuse. Là-dessus, vous livrant à votre imagination, vous lancez dans le public des volumes de lois, des gendarmes et des sermons.

Mais, Messieurs, vous avez beau dire, il faut vous le répéter encore, les passions sont indestructibles, et vouloir les détruire n'est pas seulement une funeste imprudence et une impiété, c'est une profonde injustice.

Abordons maintenant la question de l'émancipation des femmes, et montrons que leur esclavage ne conduit qu'à la démoralisation.

Philosophes, moralistes, prêtres et législateurs,

Tout une moitié de l'humanité est avilie par l'autre moitié; sur toute la terre les femmes sont dans une humiliante et dégradante servitude; partout elles sont flétries et prostituées; c'est à peine si, dans les villes les plus civilisées, elles jouissent d'une ombre de liberté. C'est à Paris qu'elles sont le plus heureuses, mais combien il y en a peu! et Dieu sait de quel triste bonheur elles jouissent! Chez tous les peuples barbares les femmes sont vendues de force par des maîtres. Chez les peuples civilisés elles sont vendues par leurs parens, ou bien elles sont forcées de se vendre elles-mêmes. En tous lieux la femme n'est plus qu'une marchandise qui doit passer par le marché ou dont on traite en particulier. En France même, où les femmes sont le plus respectées, la femme n'est plus pour l'homme qu'un objet de sensualité ou d'utilité, et pour comble d'humiliation, l'homme ne la prend que lorsqu'elle peut se défrayer ou le faire vivre lui-même.

Pourquoi donc la femme est-elle l'esclave de l'homme? Pourquoi donc n'est-elle que sa servante obligée? La femme est-elle inférieure à l'homme, et est-elle moins que lui dans l'humanité? Qui donc l'aurait décidé? M. Fourier a remarqué que sur huit reines ou princesses qui ont régné, sept ont montré beaucoup de supériorité, tandis que sur huit rois ou princes, on n'en voit qu'un qui se soit montré capable.

Je vous concède néanmoins que l'homme a principalement en partage les passions de l'ordre majeur : l'ambition et l'amitié, et que la femme a principalement les passions de l'ordre mineur : l'amour et le familisme. Mais que peut-on en conclure? Si les hommes sont supérieurs en ambition, les femmes, en amour, ont la supériorité. Croyez-vous que la nature, en distribuant les grandes ames et les intelligences élevées, n'ait pas compris les femmes pour moitié? et quels moyens ont-elles de développer leurs facultés au milieu de leur ménage diabolique? Elles ne peuvent se livrer à leurs penchans pour les arts ou les sciences sans qu'elles soient taxées de pédantisme et d'immoralité, sous prétexte qu'elles négligent les tendres soins du ménage pour lesquels elles ont souvent une répugnance invincible. Lorsque les femmes sont riches on ne dit rien, car la richesse fait beaucoup pardonner.

L'idéologue Cousin veut qu'on laisse aux femmes les petits livres et les bagatelles élégantes; ceci est une ruse de philosophe; il aura bien pensé que les femmes ne pourraient rien comprendre à ses livres incompréhensibles; il aura voulu prévenir le coup qui lui serait porté par le bon sens féminin, et il l'a éliminé. Il faut pourtant lui savoir gré de ne pas avoir condamné les femmes à le lire.

Quelle étrange société, où une coterie de célibataires vient tracer la morale du mariage et les rapports entre les sexes, et où la femme seulement porte tout le poids de l'immoralité! Le parti des maris a fait, il est vrai, la sourde oreille aux déclamations des moralistes, et lui a plutôt prêté son appui, pensant que cela ne pouvait que lui être favorable; mais à cela qu'ont gagné les maris? Les femmes ont bien su se venger, qui osera les condamner?

La femme est réputée inférieure à l'homme, qui a sur elle toute autorité; il la séduit, il l'avilit, il la prostitue, et c'est la femme seule qui porte le péché. Tout est gentillesse de la part du séducteur, tout est crime de la part de sa victime. Un homme à bonnes fortunes est un homme souvent très-considéré, une femme à bonnes fortunes est une femme méprisée. Un mari prend très-souvent force licences de tous les côtés, mais il veut que sa femme soit sage et réservée; qu'elle reste chez elle. Une jeune fille ne trouve-t-elle point à se marier faute de dot, ou faute d'adresse, elle est ridiculisée par l'opinion publique et en butte aux quolibets; elle est doublement victime, car on sait que les privations en fait de passion amoureuse donnent lieu à de nombreuses et dangereuses maladies. Une jeune fille cède-t-elle à un tendre penchant, c'est une fille perdue que les moralistes et les libertins ne cessent de diffamer.

Presque tous les hommes ne se marient qu'après avoir bien fait la vie; ils cherchent, comme on dit, à gagner de la sagesse pour entrer en ménage ; ce qui est fort avantageux pour l'épouse qui n'a pas eu la même faculté. Enfin, après avoir d'abord été initiés aux premiers plaisirs par quelques prostituées, et quand ils sont bien repus, qu'ils se sentent assez usés et suffisamment guéris de quelque secrète maladie, ils épousent quelque jeune fille qui ait préalablement une dot à leur donner. Cette jeune fille est peut-être candide, innocente; elle a peut-être passé son adolescence à rêver des plaisirs chastes et délicats; le moment arrive enfin de les goûter avec cet époux tant désiré, et d'un seul de ses attouchemens grossiers il brise comme verre cette ame étonnée dont les morceaux ne serviront plus désormais qu'à lacérer sa vie.

Une femme est, dit-on, une lyre dont il est difficile de toucher, et en un instant toutes les cordes en sont rompues; elle ne peut donc plus rendre que des sons discordans, et c'est encore la femme qui est blâmée.

C'est peu : il faut encore qu'elle passe sa vie avec ce bourreau que ses tendres parens, pour s'en débarrasser, lui avaient tant vanté. Quel triste tableau ne pourrait-on pas faire des secrètes douleurs du mariage tel qu'il a lieu aujourd'hui ! On comprend alors comment l'ame d'une femme se flétrit et s'étiole à jamais, et comment la victime conjugale est poussée à chercher des compensations. C'est alors que les célibataires, qui ne cessent d'être en campagne, ont beau jeu.

Ah ! je ne conçois pas qu'il existe dans le monde des hommes assez lâches pour vouloir à toute force posséder le corps d'une femme sans posséder son ame. C'est pourquoi, diront les moralistes, il faut moraliser la femme, afin qu'elle conserve son ame et son cœur à son époux, comme s'il nous était permis de disposer à notre gré de nos sentimens.

M'accusera-t-on de porter atteinte à la morale publique? Si c'est cela qu'on appelle la morale publique, certes oui, j'y porte atteinte, car cette morale publique n'est qu'un tissu d'immoralités, de mensonges et de perfidies. Si vous voulez ce que vous appelez la vertu et la chasteté des femmes, il faut vouloir également la vertu et la chasteté des hommes. Un homme ne se corrompt pas seul en fait des passions amoureuses.

Et comment se fait-il donc, philosophes et moralistes, que vous n'ayez pas cherché depuis si long-temps un remède à tant de maux, que vous ne faites qu'enraciner avec votre jactance de perfectibilité? A quoi peuvent nous servir vos incompréhensibles élucubrations sur les phénomènes de *vos* consciences, sur *vos* perceptions de sensations, de cognition de *votre* moi ou de *votre* non-moi?

Il serait presque juste de mettre ici les législateurs hors de cause, car les législateurs ne sont que les tisserands politiques qui mettent en œuvre vos préceptes. vos maximes et vos faux principes, pour en faire une toile philosophique qu'on étend aux quatre coins d'une société, et qui ne sert ordinairement qu'à prendre les mouches légères, car pour les milans, ils la traversent sans en être arrêtés. C'est ainsi qu'en vertu de la morale sociale on conduit à l'échafaud un malheureux qui a volé un chou, tandis qu'un fripon qui a volé des millions dans les monopoles et les agiotages en spoliant l'État et les familles, ou bien en faisant jeter les denrées à la mer pour opérer une hausse à son profit, au risque d'affamer une contrée, celui-là est encensé; il a de beaux équipages, il donne de grands dîners où les philosophes et moralistes courent la chance d'être invités; il peut se mettre sur les rangs pour être député; quelquefois même il est nommé, et les moralistes et philosophes de s'incliner.

Pourquoi le caissier du trésor a-t-il été récemment condamné? C'est parce que le gouvernement s'est trouvé directement engagé, car, si c'eût été simplement des particuliers, une faillite aurait tout arrangé, et le caissier n'aurait pas eu besoin de quitter Paris. Qu'on admire maintenant notre système de garanties !

Si donc, philosophes et moralistes, et vous tous gens à rigoureux principes qu'on peut classer dans la même catégorie, le régime sociétaire de M. Fourier apporte seulement des modifications au désordre profondément immoral que je viens de vous signaler, vous ne devez pas pour cela le repousser aveuglément, c'est au contraire une raison de plus pour l'examiner avec attention et vous y montrer favorables, sans quoi vous n'êtes vous-mêmes que des hommes pétris d'immoralité. Et dès lors de quel droit vous élèveriez-vous contre l'émancipation et la liberté des femmes que le régime sociétaire offre le moyen de réaliser pour le bonheur même de toute la société?

Sachez, Messieurs, que toutes les libertés sont liées, et qu'il est de toute impossibilité que l'homme soit libre, sans que la femme le soit aussi, de même que la femme ne peut être libre sans émanciper l'enfance, et lui donner un rang social. Le Créateur n'a pas pu vouloir qu'une partie de ses créatures pût jouir d'une liberté dont l'autre partie serait privée. Ou la liberté doit être complète, ou elle ne peut exister.

Iriez-vous par hasard, Messieurs, reprocher au régime sociétaire de M. Fourier d'être favorable à l'inconstance? Mais d'abord la constance n'existe dans la nature humaine que par exceptions extrêmement rares. Et ensuite le régime sociétaire ne s'oppose nullement à la constance la plus acharnée. Dailleurs, si l'on voulait disserter sur l'inconstance, il serait facile de vous démontrer qu'elle joue un grand rôle dans le monde, et un rôle très-nécessaire, puisqu'elle est pour l'homme une cause de développement.

Mais pourquoi ne parlez-vous donc pas, allez-vous dire peut-être, des bacchantes, des bayadères, des fées, des géniteurs, des génitrices? Je n'en parle pas parce qu'il est très-inutile d'en parler; pas plus qu'il n'est utile de parler des vestales et des damoiselles. Toutes ces dénominations diverses ne font rien au fond de la question. M. Fourier sait de science certaine que l'humanité est destinée à un brillant avenir, encore bien éloigné, malheureusement pour nous, mais plein de grandeur et de poésie, digne du Créateur enfin, et il a esquissé quelques tableaux de cet avenir; mais il dit lui-même qu'il n'est pas réalisable pour notre génération, et dans tous les cas il ne l'impose pas; la société est bien libre de ne pas l'accepter. Ainsi il croit, par exemple, que dans l'avenir l'homme atteindra à sa taille naturelle, qui est de plus de six pieds; est-ce à dire pour cela qu'il veut imposer aux hommes la condition d'avoir plus de six pieds? Est-il nécessaire qu ils aient plus de six pieds pour réaliser son régime d'industrie sociétaire? Eh bien, il en est de même de tout ce que la mauvaise foi critique dans M. Fourier. D'ailleurs M. Fourier n'a pas besoin de détruire ni le mariage, ni rien de ce qui subsiste aujourd'hui pour fonder le régime d'association domestique agricole et l'industrie attrayante; il substitue seulement le ménage sociétaire au ménage familial, l'association au morcellement, et il laisse à la décision des pères et mères de famille les plus recommandables et les plus considérés de la société, aux maris eux-mêmes, le soin des modifications graduelles et de l'extension à donner aux relations entre les sexes. Philosophes et moralistes, qu'avez-vous à répondre à cela ? Allez-vous taxer d'immoralité ou d'erreur les personnes les plus respectables de la société ? Est-ce vous qui êtes infaillibles, par hasard, vous qui changez de système une fois par mois ?

Vous ne sauriez nier, philosophes, moralistes et législateurs, l'étendue et la profondeur du mal qui nous consume : or ce n'est point de la philosophie, ni de la morale, ni des chartes qu'il nous faut ici ; il faut changer l'ordre social.

Et maintenant, Messieurs, vous tous qui êtes qualifiés du nom de *philosophes*, *moralistes*, *métaphysiciens*, *politiques* et *économistes*, nous vous interpellons ici directement, et nous vous défions publiquement d'apporter, à l'aide de vos sciences vaines et mensongères, la MOINDRE amélioration au sort de la société, et notamment des classes populaires.

Nous vous jetons le gant sans hésiter, voyons si vous daignerez le ramasser. Les sociétés humaines sont dans un terrible état de souffrance, et il s'agit d'y porter remède, il n'y a pas à reculer, nous ne vous provoquons pas sans savoir ce qu'il faut faire pour elles.

En outre, et pour exciter votre colère, nous vous disons nettement qu'à titre de *philosophes*, *moralistes*, *métaphysiciens*, *politiques* et *économistes*, vous n'êtes que d'inutiles savans, des savans arbitraires dont les systèmes vains et pleins de contradictions ne font qu'ensanglanter le monde et accroître la misère des peuples et leur corruption. Il n'y a pas à balancer, il faut que la société, pour son salut, cesse au plus tôt de vous écouter.

Vous trouverez sans doute, Messieurs, que j'ai à votre égard des formes peu ménagées? J'ai pensé que le seul moyen d'exciter votre attention était de vous dire vos vérités; et je crois indigne d'un homme loyal de faire usage de cette politesse fausse qui ne sert qu'à fasciner. D'ailleurs j'ai des raisons très-légitimes d'en agir ainsi, et je vais vous les expliquer :

Depuis vingt-quatre ans, M. Fourier vous signale la cause des maux qui désolent et ensanglantent les sociétés et qui engendrent de continuelles perturbations; depuis vingt-quatre ans il vous offre le moyen d'y remédier, et depuis vingt-quatre ans vous ne cessez de le repousser et d'étouffer sa voix. Les classes populaires se meurent dans l'indigence, il vous offre un moyen de les en retirer, en augmentant même le bien-être des riches, et vous ne daignez même pas l'écouter, bien que vous soyez d'une impuissance radicale en fait d'améliorations! Votre devoir était au moins d'examiner les moyens qu'il proposait; vous y avez manqué. Messieurs, les choses ne peuvent pas toujours se passer ainsi : la société a le droit enfin de vous demander compte de votre conduite, puisque c'est sous votre influence qu'elle est dirigée.

Vous régnez sur la société, voilà le fait, et vous avez peur d'être détrônés; mais pour qu'un règne soit légitime, il faut en prouver la bienfaisance. Vous êtes comme les Scribes et les Pharisiens au temps de Jésus-Christ. Rassurez-vous cependant, M. Fourier ne vient point vous détrôner, il vient seulement détrôner vos erreurs et vos préjugés. Nous ne vous attaquons qu'à titre de savans des sciences fausses et incertaines, mais d'autre part vous pouvez être des savans positifs très-recommandables, et à ce titre nous vous respectons. Ainsi Descartes était un savant très-distingué, non pas comme philosophe, mais comme savant positif, car la seule chose durable qui nous soit restée de lui est sans contredit son application de l'algèbre à la géométrie, et nullement son *je pense, donc je suis,* sur lequel vous vous extasiez comme si l'humanité pouvait jamais contester la certitude de son existence, et comme si de ce syllogisme dépendait le moins du monde son bonheur.

Philosophes et moralistes, je vous le dis encore, la philosophie n'est pas la science sociale, quoiqu'elle ait la prétention d'être la science générale : la philosophie n'a jamais rien fait pour l'humanité. A Athènes, aux jours mêmes de votre splendeur, l'esclavage des hommes ne vous touchait nullement, et il ne vous est jamais venu à la pensée de chercher à le faire cesser. A Rome vous ne vous êtes pas montrés plus charitables. Enfin, aujourd'hui de nombreuses classes de prolétaires gémissent dans l'abandon et dans la pauvreté, en butte à tous les fléaux qu'engendre la misère, et vous ne cherchez point à les en retirer, vous êtes toujours impassibles. Voilà les fruits de votre froide raison que vous osez nous vanter. Et lorsque vous voulez vous mêler des affaires sociales vous n'amenez que de terribles révolutions. Voilà les fruits de vos sciences que vous osez prôner.

OBSERVATION.

Nous croyons devoir prévenir les personnes qui voudraient connaître le régime sociétaire de M. Fourier, de ne s'en rapporter en aucune façon aux critiques qu'en ont faites les journalistes qui parlent de ce système sans le connaître, et qui prêtent à M. Fourier des idées souvent très-ridicules qu'il n'a jamais émises.

Nous dirons à tous les détracteurs du régime sociétaire, que M. Fourier a un grand tort envers eux : c'est de n'avoir pas su se faire assez petit pour se mettre à leur taille.

---

§ VII.

EXEMPLE DE CONTRADICTIONS DES SCIENCES PHILOSOPHIQUES, POLITIQUES ET MORALES.

Pour montrer jusqu'à quel point les sciences morales et politiques, qui ne se basent sur aucun principe fixe, sont fausses et incertaines, et combien les hommes les mieux intentionnés peuvent se tromper, nous allons rapporter l'extrait d'un article du *Traité de l'Association domestique-agricole* où M. Fourier donne l'analyse d'un passage de Télémaque, dans lequel Fénélon spécule sur la morale et la politique de la manière la plus singulière. L'article d'où nous extrayons ce passage est intitulé :

LA DÉRAISON POLITIQUE ET MORALE,
OU LE PIÉGE DES OUVRAGES BIEN ÉCRITS.

Quelque sujet qu'on traite, ou plaisant ou sublime,
Que toujours le bon sens s'accorde avec la rime.

Si le bon sens est exigé, même en poésie, à plus forte raison est-il exigible en prose. Dès lors on ne voit pas à quel titre les moralistes peuvent se croire affranchis des règles du bon sens et du sens commun dans leurs théories de modération.

Surpris de l'apostrophe, ils vont répliquer que rien n'est plus sensé que la morale douce et pure, étayée de la froide raison. Quant à moi, j'y cherche vainement une lueur de raison, et je n'y trouve à chaque page qu'un tissu de folies. Choisissons pour preuve quelque fragment d'une de ces morales qui FONT LE TOUR DU MONDE, la morale du divin Fénélon, ami des hommes et des dieux, oracle des saines doctrines de la simple Nature. Voyons, dans cette courte analyse, *à quel degré de folie les dogmes de modération peuvent conduire l'esprit humain.*

Après avoir décrété de quelles couleurs les sept classes de citoyens seront habillées à Salente, et avoir assigné aux dernières classes les couleurs rose, jaune et blanc, d'où il suit que les charbonniers, cordonniers et fabricans d'encre seront en habit rose, jaune et blanc, Mentor continue par le décret suivant, qui serait assez mal accueilli dans notre siècle mercantile.

« On ne souffrira jamais aucun changement, ni » pour la nature, ni pour la forme des habits; car il » est indigne que des hommes destinés à une vie sé- » rieuse et noble, s'amusent à inventer des parures » affectées (voilà le congé de réforme pour les fabri- » cans et ouvriers en mode), ni qu'ils permettent » que leurs femmes, à qui ces amusemens seraient » moins honteux, tombent jamais dans cet excès. »

Le décret est galant : ainsi, mesdames, quand vous songez à vous parer d'un colifichet, votre époux, s'il est ami des saines doctrines, doit vous défendre tout changement dans les parures et vêtemens; jamais ni châle, ni bonnet de nouveau goût; ainsi l'exige la morale douce et pure du divin Fénélon.

» Il défendit toutes les marchandises des pays » étrangers, qui peuvent introduire le luxe et la mol- » lesse. » Qu'il se garde bien de prêcher cette morale aux fabricans de Paris et de Lyon, ainsi qu'à ceux d'Angleterre, tous gens fort jaloux de vendre leurs coquilles à l'étranger.

« Il régla de même la nourriture des citoyens!!! » Ceci devient intéressant : le sieur Mentor va nous prescrire et limiter nos mets à perpétuité. Quelques-uns se plaignent déjà du carême, qui établit cette gêne pendant six semaines : ici la philosophie va plus loin, elle veut régler la nourriture pendant tout le cours de l'année. Mais voyons ses statuts en cuisine.

« Quelle honte, disait-il, que les hommes les plus » élevés fassent consister leur grandeur dans les ra- » goûts par lesquels ils amollissent leur ame et ruinent » incessamment la santé de leur corps! Il faut donc, » ajoute Mentor, borner vos repas aux viandes ap- » prêtées sans aucun ragoût; c'est un art pour em- » poisonner les hommes. » Tout doux, seigneur Mentor, on vous citera tels individus qui ne peuvent se nourrir que de ragoût, même à déjeuner. Voilà bien les moralistes : ils veulent non-seulement soumettre à leurs caprices tous les esprits, mais, qui pis est, tous les estomacs.

« Le roi Idoménée (en vrai ami des saines doc- » trines) retranche donc tous les ragoûts, et Mentor » retranche ensuite la musique molle et efféminée qui » corrompait toute la jeunesse. Il borne la musique

» aux fêtes, dans les temples pour y chanter les » louanges des dieux et des héros. » Voilà de saines doctrines musicales : défendons tous ces chants efféminés des Grétry, des Sacchini : n'admettons que les musiques mâles, comme la *Carmagnole* et le *Tragala*, si nous voulons être au ton de la morale douce et pure.

« Il défendit très-sévèrement la magnificence des » maisons, et voulut que chaque maison un peu » grande eût un péristyle. » Y pensez-vous, seigneur Fénélon? un péristyle est une magnificence très-coûteuse. Voilà bien les moralistes. Celui-ci veut « que chaque maison ait de petites chambres pour les personnes libres. » Pourquoi, dans un pays très-chaud comme Salente (État de Naples), ne pas permettre les grandes chambres salubres et bien aérées? Mais notre moraliste aime les petites chambres ; il faudra que chacun se confine comme lui dans un réduit, tout en faisant l'énorme dépense d'un péristyle, qui suppose colonnes ou pilastres.

L'article d'où j'extrais ces sornettes ne s'étend qu'à une huitaine de pages, ce qui rend les contradictions d'autant plus plaisantes qu'elles ne sont souvent qu'à un feuillet de distance, comme les suivantes, fort dignes de l'attention des commerçans et des économistes.

« Il faut régler l'étendue de terre que chaque fa- » mille pourra posséder ; il ne faut permettre à *cha-* » *cune, dans chaque classe, que l'étendue de terre* » ABSOLUMENT NÉCESSAIRE pour nourrir le » nombre de personnes dont elle est composée.... »

(C'est la *loi agraire*, l'arrière-secret de la morale douce et pure).

« Si l'on a trop planté de vignes, il faut qu'on les » arrache; le vin est la source des plus grands maux » parmi les peuples. Que le vin soit donc conservé » comme une espèce de remède, ou comme une li- » queur très-rare, qui n'est employée que pour les » sacrifices. (Et ailleurs il dit) qu'on n'admette que » le vin du pays. »

Ne garder du vin que pour les burettes!!! Voilà un moraliste bien endiablé contre les ragoûts et le vin : comment s'accordera-t-il avec Horace et Anacréon, et même avec les sacrificateurs ou prêtres, qui ne sont point d'avis qu'on limite aux burettes l'usage du vin? ils aiment assez à voir du vin sur table. Mais procédons au recueil des contradictions que notre moraliste va articuler dès les pages suivantes, contre son précepte de loi agraire et de destruction des vignes.

« D'ailleurs, la liberté de Commerce était entière à » Salente : bien loin de le gêner par des impôts, on » promettait une récompense à tout marchand qui » pourrait attirer à Salente le Commerce de quelque » nouvelle nation. »

Eh, sur quoi commercera-t-on dans un pays qui ne cultivant que la quantité de terre ABSOLUMENT NÉCESSAIRE pour nourrir son peuple, n'a pas de superflu à exporter? Un pays arrachant les vignes et n'admettant que les vins du cru, ne peut acheter ni vins étrangers, ni liqueurs également prohibées, et qui défend *toutes marchandises de pays étrangers, pouvant introduire le luxe et la mollesse*, un pays où le savant politique Mentor « RETRANCHA un nombre pro» digieux de marchands qui vendaient des étoffes » façonnées de pays éloignés; des broderies, des vases » d'or et d'argent, avec des figures de dieux, d'hom» mes et d'animaux, des parfums, de beaux meubles, » etc.» (Mentor a ordonné plus haut de rassembler tous les meubles somptueux et de les vendre aux Peucètes, pour éviter la corruption et la renvoyer charitablement chez les voisins).

Après tant de prohibitions, je ne vois pas sur quoi on pourra commercer dans une contrée qui ne veut rien acheter de l'étranger, et qui n'ayant que les cultures *absolument nécessaires* n'a rien à donner en échange, rien à livrer au commerce extérieur.

Cet obstacle n'embarrasse pas notre moraliste, et il va d'un trait de plume créer dans Salente un commerce plus immense que celui de Londres : écoutons:

» Ainsi les peuples y accoururent bientôt en foule » de toutes parts : le commerce de cette ville était » semblable au flux et reflux de la mer : les trésors » y entraient comme les flots viennent l'un sur l'au» tre : *la franchise, la bonne foi, la candeur* sem» blaient, du haut de ces superbes tours, appeler les » marchands des pays éloignés; chacun d'eux vivait » *paisible et en sûreté* dans Salente.»

Holà, seigneur Fénélon! vous avez dit plus haut qu'on *retranchait*, c'est-à-dire, qu'on excluait et pourchassait tous ceux qui vendaient les étoffes de pays éloignés, les vins, liqueurs, parfums, vases, meubles étrangers : que pouvaient donc faire à Salente les marchands qui *apportaient les trésors comme les flots viennent l'un sur l'autre?* Les marchands ne viennent pas pour la promenade, et ne livrent leurs trésors qu'à bonnes enseignes. Ils ne pouvaient pas vendre aux Salentins des subsistances, puisque Mentor avait *pris des précautions* pour que chaque famille en produisît le nécessaire; on pouvait encore moins vendre aux Salentins ces étoffes, même d'utilité, puisque Mentor avait employé aux arts nécessaires, comme draperie et toilerie, tous les ouvriers qui servaient aux arts pernicieux : ces navigateurs ne vendaient pas des épices dans un pays qui proscrivait les ragoûts, ainsi que toutes les productions *lointaines et riches*. Le pays ne buvait que du vin du cru: sur quoi donc commerçaient ces légions de marchands qui apportaient les *trésors comme les flots viennent l'un sur l'autre?* Venaient-ils faire emplette de vertus? de LA FRANCHISE, LA BONNE FOI, LA CANDEUR, que Mentor place au haut des tours de Salente? Ces denrées morales n'ont rien qui puisse tenter les marchands : il faut laisser la franchise, la bonne foi et la candeur au-dessus des tours superbes; si elles en descendaient pour venir à la bourse, elles s'y trouveraient furieusement dépaysées.

Singulière science que la morale! Horace dit que les peintres et les poètes peuvent tout oser : il me semble que les moralistes usent largement de ce droit. Quel dommage qu'on ne rencontre plus de rois dociles comme ce bon prince Idoménée : bonne pâte de roi, on n'en fait plus de cette trempe!

« Aussitôt Idoménée régla sa table, où il n'admit » que du pain excellent (pourquoi si bon? le pain bis » serait plus moral), du vin du pays, qui est *agréa-* » *ble et fort*, avec des viandes simples. Personne n'o- » sa se plaindre d'une RÈGLE que le roi s'imposait » lui-même; et chacun se corrigea ainsi de la profu- » sion et de la délicatesse où l'on commençait à se » plonger par les repas. »

Ladite *règle* prescrite et pratiquée par le Roi ne s'accorde guère avec la *règle* précédente, qui veut qu'on réserve le vin pour les sacrifices et les médicamens; qu'on n'en cultive que le nécessaire pour ces deux emplois. Voilà les Salentins réduits, selon l'usage moral, à opter entre plusieurs règles contradictoires : celle de Mentor, qui ne veut point de vin à table, et celle du Roi qui se fait servir sur table du vin *agréable et fort*, comme exemples à suivre. Ici les Salentins se rangeront à l'avis du Roi, et avec d'autant plus de raison que Mentor, après avoir dit d'une part qu'il faut arracher les vignes, parce que le vin est la source des plus grands maux, dit, aux précédentes pages, qu'il faut en cultiver beaucoup. Voici le texte :

« Mettez des taxes, des amendes, sur ceux qui né- » gligent leurs cultures; et Bacchus, foulant sous » ses pieds les raisins, fera couler du penchant des » montagnes des ruisseaux de vin plus doux que le » nectar, et les creux vallons retentiront des concerts » des bergers. »

Nul doute que les bergers et paysans ne chantent miracle quand ils verront les ruisseaux changés en vin aussi bon que du nectar. La joie sera la même qu'aux noces de Cana. Mais il faudra bien leur permettre de boire de cet excellent vin, puisqu'on les punit par des *taxes* et *amendes* s'ils en négligent la culture.

Le Télémaque est vanté comme oracle des saines doctrines de l'éducation philosophique : je n'y vois, ainsi que dans tous les livres de morale, qu'un tissu de fadaises faites pour fausser l'esprit des jeunes gens.

« C'est mal interpréter, réplique-t-on; Fénélon di-
» sait cela au figuré.» Non vraiment : d'ailleurs à quoi servent des préceptes qu'il ne faut prendre qu'au figuré? Il ordonne très-positivement, avec des augures sinistres contre ceux qui n'obéiront pas.

Parlant du Roi de Crète, il dit : « Les lois peuvent
» tout sur lui : il a les *mains liées* dès qu'il veut faire
» le mal. (Voici les principes jacobites dans un traité
» de morale douce et pure et d'éducation vertueuse.)
» Les lois en Crète ne veulent pas que tant d'hommes
» servent par leur misère et leur lâche servitude à
» flatter l'orgueil et la mollesse d'un seul homme. *Le*
» *Roi ne doit rien avoir au-dessus des autres;* il doit
» être plus sobre, plus exempt de faste qu'aucun au-
» tre; il ne doit pas avoir plus de richesses et de plai-
» sirs (la sainte égalité) : ce n'est point pour lui-même
» que les Dieux l'ont fait roi, il ne l'est que pour
» être l'homme des peuples. Quelle horrible inhuma-

» nité de leur arracher les doux fruits de la terre » qu'ils ne tiennent que de la nature libérale et de » la sueur de leur front! »

En substance, il veut qu'on supprime les impôts, qu'on rédime la liste civile, qu'on *lie les mains au Roi*, et que l'autorité passe au peuple. Voilà en propres termes nos maximes révolutionnaires, le pendant de la loi agraire conseillée plus haut. Cependant c'est Fénélon qui parle; c'est le livre sans pareil, la boussole d'éducation, la quintessence de la morale douce et pure.

Je viens d'appuyer la thèse par un aperçu des sottises dogmatiques du *Télémaque*; le bonhomme Fénélon ne se doutait guère des résultats qu'aurait, en 1789, sa doctrine essayée en France. Fénélon n'est pourtant pas suspect de perversité. Qu'est-ce donc des auteurs écrivant bien comme lui, et n'usant de ce talent que pour exciter le désordre, s'élever aux fonctions publiques en bouleversant le système social? Ne suffit-il pas de cette considération pour apprendre enfin aux modernes qu'il faut, en politique sociale, se défier des ouvrages bien écrits, recourir aux inventions bien raisonnées; reconnaître enfin à quels travers systématiques, à quel degré de folie, les dogmes de modération et les jongleries oratoires peuvent conduire la politique lorsqu'elle se confie aux systèmes des philosophes, qui, en feignant de vouloir modérer les passions, ne veulent que se livrer à leurs fantaisies et y asservir tout ce qui existe?

CHAPITRE X.

INFLUENCE DU RÉGIME SOCIÉTAIRE SUR LA PAIX GÉNÉRALE EN EUROPE, ET NOTAMMENT SUR LES DESTINÉES ET L'IMPORTANCE POLITIQUE DE LA FRANCE.

§ I.

Le régime d'industrie sociétaire attrayante de M. Fourier n'est pas seulement d'un intérêt national, il est d'un intérêt humanitaire.

A ce propos, les têtes étroites et les utopistes de la philosophie et de la politique ne vont pas manquer de crier à l'utopie; il faut les laisser crier, c'est un petit dédommagement qui leur reste pour se consoler de leur extrême impuissance et de leur extrême incurie, que bientôt enfin il faudra confesser.

Hommes de bonne foi, ne vous laissez point imposer par ces obscurans qui osent se dire amis des lumières, mais plutôt examinez vous-mêmes avec sincérité. Croyez que si M. Fourier a découvert le procédé d'industrie attrayante auquel l'homme est destiné par sa nature même, il n'est pas seulement applicable à la France ou à l'Europe, mais il est applicable à toute l'humanité, sans quoi la prévoyance de Dieu serait incomplète. Partout les hommes sont, au fond, les mêmes, à l'exception que leurs passions et leurs facultés sont plus ou moins développées; mais cela n'empêche pas que le régime sociétaire-unitaire ne leur soit applicable au moins à différens degrés.

Si un régime sociétaire pouvait rendre un pays heureux à l'exclusion des autres pays, il est certain qu'il en serait bientôt écrasé, et que son bonheur serait de courte durée; mais quand bien même le procédé d'association de M. Fourier ne serait utile qu'à la France, cela vaut bien, je pense, la peine de l'examiner.

Nous allons énumérer d'abord relativement à la France les principaux avantages du régime sociétaire.

1° Il élève toutes les communes rurales de France du régime d'industrie morcelée et incohérente au régime d'industrie sociétaire et combinée. Il va mettre ainsi un terme à une foule de dissentions partielles.

2° Il reporte les capitaux, inactifs aujourd'hui, ou qui se perdent dans le gouffre de l'agiotage, vers l'Agriculture et la production, et il rend à la propriété territoriale son importance première. Il fait cesser en même temps cette singulière absurdité du régime industriel actuel, où nous voyons les capitaux rapporter 6 du cent, et souvent beaucoup plus, en placemens ordinaires ou commerciaux; tandis que la propriété territoriale, le premier de tous les capitaux, ne rapporte guère que le tiers. Au moyen du régime sociétaire le propriétaire du sol retirera avec la plus grande facilité 6 du 100 de sa propriété, et en outre il pourra la louer avec plus de sécurité à une administration agricole qu'à des fermiers épars souvent insolvables, et qui détériorent les propriétés.

3° Il élève la richesse sociale au quadruple produit.

Au moyen de ce quadruplement de richesse, l'État pourra, tout en diminuant ses frais de gestion, élever facilement son budget à deux milliards, afin de rembourser sa dette, qu'on ne peut même pas amortir aujourd'hui. Il diminuera donc en même temps les impôts de plus de moitié, puisqu'il ne percevra plus qu'un douzième sur le produit ou deux milliards sur vingt-quatre, au lieu de percevoir un cinquième comme à présent, ou un milliard deux cents millions sur six milliards trois cents millions.

4° Il offre le moyen infaillible d'apporter de grandes améliorations dans le sort des classes populaires, en favorisant en même temps les intérêts des riches. Il change les conditions d'alimentation, de vêtement, de logement et de travail de ce malheureux peuple, et lui assure en toutes choses un MINIMUM décent.

5° Il fait disparaître rapidement le fléau de la mendicité, et débarrasse les villes, au profit de l'Agriculture, de l'exubérance de population qui entretient dans leur sein un foyer d'émeutes et de révolutions; car l'Agriculture n'a pas la moitié des bras qu'elle pourrait employer; et en outre, les villages sociétaires vont s'étendre jusque sur les terrains qui restent incultes aujourd'hui.

6° Il ramène tous les improductifs et parasites au travail productif. Il transforme et développe dans une grande proportion les relations commerciales, en substituant le mode véridique au mode mensonger, germe perpétuel de corruption sociale. Il favorise même beaucoup le commerce actuel et l'écoulement des produits manufacturés sur l'immensité desquels on s'extasie, bien qu'ils ne s'élèvent pas au dixième de ceux qui vont être nécessaires incessamment pour vêtir tant de populations qui sont nues aujourd'hui.

7° Il va détourner de tous les débats et discussions politiques qui n'amènent que troubles et bouleversement, et ne peut manquer d'absorber l'esprit de parti en général dont il opérera la fusion, puisqu'il favorise tous les intérêts. Il permettra ainsi, lorsqu'on ne craindra plus les dissentions intestines, de perfectibiliser à loisir la Charte et le réglement de la chambre des députés.

8° Il offre le moyen de reconstituer d'une manière solide l'unité sociale de la France, qui est complétement disloquée, et de faire disparaître néanmoins les nombreux vices de la centralisation.

9° Il permettra d'organiser les villes, désormais désobstruées de leurs masses populaires et faméliques, suivant le procédé de ménage sociétaire, et d'appliquer la méthode du travail attrayant et par séances courtes et variées au travail administratif même, car il n'est pas naturel, ni bon pour sa santé, que l'homme reste plaqué sur sa chaise pendant des journées, des années, une vie tout entière, à noircir du papier, moyennant 50 ou 100 misérables louis par an.

10° Il permettra d'apporter de grandes améliorations au sort des anciens employés et des anciens militaires, et surtout au sort de leurs veuves, que l'État délaisse sans pitié, ou auxquelles il accorde une chétive pension qui ne peut suffire à leur existence (1).

11° Le régime sociétaire va opérer un vaste mouvement d'organisation industrielle dont la France sera le centre, et qui, en se communiquant promptement à l'étranger, restituera à la France son importance sociale et politique, que les suites de la révolution de juillet lui ont fait perdre. Il va retirer la France de la malheureuse stagnation où elle croupit, et où elle se corrompt d'une manière très-sensible. Certes on aurait peine à reconnaître aujourd'hui l'antique ca-

(1) La carrière militaire présente encore bien une image du monde renversé : ce sont les militaires qui défendent l'Etat au péril de leur vie; qui défendent les propriétés, qui défendent les commerçans et les boutiquiers, enfin qui maintiennent l'ordre sans lequel il n'y aurait point de sécurité, et ce sont les militaires qui sont les plus mal rétribués ; on ne leur donne même pas pour suffire à leur vieillesse. On donne 5 ou 6 sous par jour à un soldat pour subvenir à ses besoins ; quelle générosité ! On donne 12 ou 1500 francs par an à un officier. Comment un officier peut-il vivre avec 1500 fr., et tenir dans la société le rang qui lui convient? c'est vraiment une dérision ; on dit à cela qu'il est payé en considération ; c'est dommage qu'il ne puisse pas payer de même son hôtesse : mais l'argent, que je sache, ne nuit pas à la considération, surtout aujourd'hui, et si les appointemens des officiers étaient par exemple doublés, il me paraît qu'ils n'en seraient pas moins considérés, ou moins dignes de considération.

ractère français, car jamais cette pauvre France n'était tombée dans un tel état d'abaissement.

12° Enfin l'influence du régime sociétaire sur les Nations étrangères est d'une très-haute importance, et il n'y a pour la France aucun autre moyen d'assurer d'une manière stable la paix générale en Europe. Il est certain que ce nouvel ordre une fois réalisé en France, passera rapidement aux Nations étrangères; il sera même de l'intérêt de la France de le propager. Ainsi les Français vont être dispensés d'aller emprunter misérablement à leurs voisins de petits moyens d'améliorations qui ne font qu'empirer leur condition.

Les bénéfices énormes que procurera le régime sociétaire engageront certainement les grands propriétaires de l'Allemagne et du Nord, qui ne tirent presqu'aucun revenu de leurs propriétés, à réaliser promptement ce système industriel, qui fera plus que tripler et même quintupler leurs revenus; en conséquence ils s'opposeront vivement à la guerre, qu'ils ne désirent que pour maintenir un état de choses qui garantit leurs droits de propriété, car ils savent bien que toutes les révolutions sont des atteintes à la propriété. Ils seront d'autant plus portés à la paix qu'ils auront besoin d'un plus grand nombre de bras pour fonder le plus grand nombre possible de phalanges sociétaires, et que la rareté des travailleurs sera même la première chose qui se fera sentir.

L'Angleterre est surtout très-intéressée à la fondation du régime sociétaire, qui lui fournira le moyen de sortir de sa funeste situation, d'acquitter son énorme dette, et de s'assurer ses vastes possessions. Elle pourrait facilement équilibrer sa population par de nombreux versemens coloniaux, et trouverait vite de grands débouchés à ses produits manufacturés, dont elle est encombrée.

Les rois sont eux-mêmes beaucoup plus intéressés que d'autres à ce nouvel ordre de choses, puisqu'il assure la prospérité de leurs États, et il est certain que si le système d'industrie sociétaire de M. Fourier était connu d'un roi de l'Europe tant soit peu éclairé, il s'empresserait de le fonder. Mais il est difficile de faire connaître aux rois ce qui est quelquefois le plus avantageux et le plus utile qu'ils sachent, car outre qu'ils ne sont pas toujours très-compétens en affaires sociales, ils sont toujours entourés d'une foule de hâbleurs et de charlatans politiques qui semblent n'avoir d'autre plaisir que de les envelopper d'une atmosphère de tromperie impénétrable.

La fondation du régime sociétaire dans les divers États de l'Europe établirait instantanément des relations pacifiques et amicales entre tous les États, et bientôt le Globe entier s'élèverait à l'unité sociale et politique; dès lors la guerre serait impossible à jamais, et on pourrait à l'amiable établir l'équilibre de l'Europe, en assignant aux empires leurs limites naturelles, et en indemnisant les États lésés par de vastes possessions dans les contrées barbares et sauvages qui sont aujourd'hui incultes, et qu'il serait facile d'amener promptement à l'ordre sociétaire en les peuplant de l'excédant de population de nos pays civilisés.

L'influence du régime sociétaire sur les destinées du monde est telle qu'on ose à peine les présenter, car les idées sont si étroites aujourd'hui qu'on craint toujours de faire crier à l'impossible, et de faire rejeter le système sans examen. La seule difficulté qu'il y ait pour le présenter à la société, ce n'est pas de faire valoir ses avantages, mais bien plutôt de les déguiser.

La découverte du procédé d'industrie attrayante et sociétaire opérera dans le monde une amélioration semblable à celle de la boussole dans l'art nautique, et sera adoptée aussi spontanément dès que l'essai aura prouvé son excellence. Il apportera un changement plus grand dans la science sociale que la poudre à canon dans la science militaire, avec cette différence qu'il sera autrement important et autrement salutaire.

Les philosophes, les idéologues et les politiques, dont chacun voudrait mettre la société sous son éteignoir particulier, diront que l'avenir promis par l'ordre sociétaire est trop beau pour l'humanité, et que par conséquent il est impossible. Il n'y a rien de trop beau pour l'homme, et quand ce serait trop beau, ce n'est point là une objection à faire; qu'importe : s'il est réalisable; c'est là l'essentiel, et la chose la plus importante aujourd'hui est de s'en assurer.

NOTE

SUR LA FONDATION DU PREMIER ÉTABLISSEMENT SOCIÉTAIRE.

Il faudrait trois millions pour fonder sur une échelle convenable une commune-modèle ou réunion sociétaire-agricole de onze cents travailleurs (à peu près deux cents familles.) On pourrait aussi avec un million et demi fonder une réunion sociétaire en moins grande échelle et seulement de six cents travailleurs, mais ce serait moins digne du pays, et les bénéfices seraient moins beaux. En supposant que le procédé d'industrie attrayante fût faux, il est incontestable que la seule combinaison des efforts et les économies de gestion, comparativement à celle par cultures isolées, procureraient encore de très-beaux bénéfices. On peut en avoir la preuve par les colonies agricoles de la Hollande. (Voir l'ouvrage de M. Huerne de Pommeuse.)

Les fonds seraient très-bien hypothéqués, puisqu'ils le seraient sur le sol même et sur les bâtimens. Et quel que soit le mode de culture employé, il est impossible que l'on cultive plus mal qu'aujourd'hui; ainsi les bénéfices sont incontestables.

On voit donc qu'il n'y a aucun sacrifice à s'imposer pour fonder le régime sociétaire. Si quelque personnage marquant se mettait en tête de la souscription, dont les actions seulement sont de cinq cents francs, assurément la souscription serait bientôt couverte.

Nous devons ajouter que déjà beaucoup d'actions ont été prises.

CONCLUSION.

AUX HOMMES SINCÈRES DE TOUS LES PARTIS.

Hommes sincères de tous les partis, c'est à vous surtout qu'il convient de s'adresser, car sans doute vous désirez le bien-être des sociétés. Les hommes comme vous sont rares aujourd'hui, et, pour surcroît d'infortune, c'est rarement vous qui êtes appelés à diriger la société.

Je vous en ai dit assez pour vous faire comprendre que la France est dans une dangereuse position, et qu'elle touche à la dernière période de sa décadence. Je vous en ai dit les principales raisons. J'ai dû vous donner sérieusement à penser sur l'insuffisance de nos institutions, et sur l'impuissance des partis et des pouvoirs. Je vous ai signalé l'avenir des sociétés; je vous ai expliqué le danger de l'inaction; je vous ai indiqué, enfin, un moyen de pacifier l'humanité, d'arracher les classes populaires, à leur affligeante situation, et d'élever la France au premier rang des Nations par la fondation de l'ordre sociétaire. Maintenant, hommes de bonne foi, c'est à vous d'y prêter votre appui.

En vous invitant ici à attacher vos noms à une entreprise sociale de la plus haute importance, ce n'est pas qu'il n'y ait déjà quelques hommes assez éclairés pour fonder le premier noyau du régime sociétaire (1); mais c'est parce qu'il ne faut négliger aucun moyen de hâter le succès d'une si belle entreprise, et de lui donner le caractère de grandeur convenable. Il serait plus digne de la France de faire de cette fondation une œuvre vraiment nationale. En conviant les hommes sincères de tous les partis et de tous les corps constitués à y concourir, c'est leur offrir à tous un moyen de travailler à la paix générale, en commençant par leur propre réconciliation (2).

D'ailleurs tous les partis dont vous portez les noms,

---

(1) Le premier noyau du régime sociétaire doit être fondé sous les auspices de M. Baudet Dulary, député de Seine-et-Oise, et de M. Devay, cultivateur à Condé-sur-Vesgre, près Rambouillet.

Il est juste de payer ici un tribut d'éloge au seul député qui entende avec largeur la question sociale et qui travaille avec un zèle éclairé au bien-être réel des classes populaires. Il sait leur témoigner son attachement autrement que par de vains et trompeurs discours parlementaires.

(2) Pour montrer jusqu'à quel point le régime nouveau peut concilier tous les intérêts, l'auteur du procédé sociétaire émet l'avis d'indemniser, après les dettes de l'état payées, toutes les victimes de nos dernières révolutions, tant par suite de la vente des biens que par suite de la perte des assignats. Il divise la dette de la France en deux parties : la première est la dette publique ou dette obligée, qui s'élève à cinq milliards ; la seconde est la dette aux victimes qu'il appelle dette consciencieuse, et qu'il estime s'élever à huit milliards. Il est facile de démontrer que grâces aux énormes bénéfices de l'ordre sociétaire, on peut facilement acquitter ces deux dettes en moins de dix années.

ont fait des promesses à la société et surtout aux masses populaires ; mais aucun d'eux, jusqu'à présent, ne les a remplies, car ils n'ont aucun moyen de tenir leurs promesses. Toutefois ils ont contracté, chacun en particulier, de grandes obligations envers la société, et la bonne foi exige qu'ils saisissent toutes les occasions de s'en acquitter. Mais la bonne foi, c'est ce qui manque aux partis.

Nous croyons nécessaire d'examiner successivement leur conduite passée, leur moralité et leur situation politiques. Nous examinerons de même aussi celles des pouvoirs constitués, dans le double but de faire mieux sentir aux uns et aux autres l'étendue de leurs devoirs, en les éclairant, autant qu'il nous sera possible, sur leurs propres intérêts et dans le but surtout de vous montrer à vous, hommes de bonne foi, combien il y aurait d'imprudence à accorder aux pouvoirs et aux partis une confiance dont ils ne sont pas dignes, et combien il y aurait peu de sécurité à tourner vers eux vos dernières espérances, tant qu'ils en seront réduits à leurs propres moyens. On ne voit même pas parmi eux un seul homme dont la main soit assez puissante et assez ferme pour retirer la France du mauvais pas où elle est engagée.

La tâche que je m'attribue ici est, je le sais, difficile, et va me mettre pour le moins en butte aux traits de la critique et même à ceux du dédain ; on se récriera peut-être contre l'audace orgueilleuse et étrange d'un homme inconnu, sans consistance et sans talent d'écrivain. Peu importe. Des considérations plus élevées effacent ces petites considérations.

Commençons par le parti libéral, qui se trouve le plus compromis.

LE PARTI LIBÉRAL.

Ce parti est désigné aujourd'hui sous le nom de Juste-Milieu; c'est, comme nous le savons, le parti des philosophes, doctrinaires, avocats, faux savans et commerçans.

Il y a plus de quarante ans que les libéraux troublent violemment la société, et depuis dix-huit ans ils jouent une indigne comédie, dont il est vrai on a bien fait la contre-partie. Enfin, à force de cabales au nom des intérêts populaires, ils se sont emparés du pouvoir. Qu'en résulte-t-il pour le bien-être de la société? Qu'ont-ils fait pour la France et surtout pour les masses populaires, au nom desquelles ils règnent aujourd'hui, et dont l'infortune et la misère sont encore plus grandes sous leur pouvoir que sous celui qu'ils ont renversé ?

Ils nous disaient qu'ils voulaient arracher la France à la féodalité, à l'arbitraire, et l'ôter de dessous l'éteignoir; et eux ils l'ont entassée dans un étouffoir, sur le couvercle duquel ils ont installé une royauté féodale. Ils ont même paralysé le peu de bonnes intentions populaires que cette royauté avait manifestées à son avénement; ils sont cause qu'il s'est élevé contre elle de nombreux mécontentemens. Quand cette pauvre France a voulu respirer en soulevant un coin du couvercle au bord duquel ils avaient placé de nombreuses sentinelles, alors ils l'ont refoulée à coups de baïonnettes, et puis ils se sont écriés triomphans : Force est restée à la loi! Quel déplorable triomphe! Mais eux-mêmes ont-ils respecté la loi qu'ils veulent qu'on respecte? Sont-ils moins arbitraires que tous les gouvernemens précédens?

Lorsque Charles X régnait, il n'y avait pas d'invectives que les libéraux n'eussent à lui prodiguer de ce qu'il laissait exterminer la Grèce, et certes ils avaient raison. On croyait donc que la cause des peuples leur était chère. On se trompait : ce n'était qu'un prétexte, car sous leur règne voilà qu'ils laissent égorger la Pologne et garrotter l'Italie, qu'ils ont indignement abandonnées et trahies. On dirait même qu'ils ne leur ont donné de fausses espérances que pour mieux assurer leur ruine.

Il est facile de le voir maintenant, le libéralisme n'est qu'un masque dont les prétendus libéraux se servent pour renverser les pouvoirs et les rois, afin de s'emparer des hauts emplois; car il est avéré qu'ils n'ont AUCUN MOYEN d'améliorer la condition du peuple, et qu'ils n'entendent rien à la science sociale, puisqu'ils sont obligés, pour gouverner, de se servir des moyens qu'eux-mêmes ont flétris, dans le but seulement de renverser les hommes qui leur faisaient obstacle.

Les libéraux ne sont donc que des intrigans politiques? Le nom du peuple n'est pour eux qu'un prétexte pour couvrir d'un voile honorable leur cupidité et leur vile ambition? Le peuple, à défaut des rois qui les repoussent, est devenu leur marchepied? Dès qu'il ne leur est plus nécessaire, et qu'ils ont déposé sur sa face la poussière de leurs souliers, il n'est plus digne que de leur mépris, et ils l'abandonnent avec ignominie.

La Restauration leur faisait mal au cœur, ont-ils dit : c'était assurément parce qu'ils n'y étaient pas ministres, sans quoi on est en droit de supposer qu'ils l'eussent encensée. Si la Restauration leur faisait mal au cœur, que faut-il dire aujourd'hui?

Enfin voilà les libéraux, en présence du monde entier, convaincus à la fois d'être les ennemis des peuples et d'être les ennemis des rois. Les voilà convaincus de n'aimer qu'eux-mêmes. Que prétendent-ils faire? Ne sont-ils pas effrayés de la position où ils nous ont placés, et où ils se sont placés eux-mêmes? Ils le sont en effet, car ils n'osent avancer ni reculer; ils tremblent, et ils veulent que la France tremble aussi.

Il est, je le suppose, parmi les libéraux quelques hommes de bonne foi qui sont aveuglés par de fausses idées philosophiques sur la charte, la pondération des pouvoirs et autres rêveries. Néanmoins il y aurait honte à eux de porter plus long-temps un nom qu'ils n'ont pas su justifier. Il y va de leur honneur de rompre avec tout le passé, et de se déclarer franchement scissionnaires; ils doivent arborer une bannière nouvelle, exempte des souillures dont toutes les autres sont tachées.

LE PARTI RÉPUBLICAIN.

Sous la dénomination de parti républicain, nous entendons les représentans des intérêts populaires, c'est-à-dire les hommes qui demandent des améliorations à la déplorable condition des masses de travailleurs, en un mot, les représentans de ceux qui ne possèdent pas. Le nom de républicain ne fait rien à la chose. Il faut ranger dans ce parti tous ceux qui, professant des idées libérales, ne sont pas d'accord avec les libéraux du juste-milieu.

Les républicains se sont donné mission d'affranchir les classes populaires en les arrachant à leur affreuse position. C'est là une noble tâche, bien difficile à remplir, et qui est au-dessus de leurs forces et de leurs moyens d'émancipation. Mais enfin leur ambition est louable, et témoigne que c'est parmi eux que se trouvent les ames les plus ardentes et les plus généreuses, les cœurs les plus capables de se dévouer à une belle cause. Cette tâche est d'autant plus délicate que l'on ne croit guère au désintéressement, et qu'on peut les soupçonner d'être guidés par un mobile personnel. Ils n'ont pas lieu, suivant nous, de s'en défendre, car l'homme n'est pas obligé de faire abnégation de lui-même; il ne le peut même pas. Le devoir ici consiste à être franc et sincère.

Les républicains s'y prennent très-mal pour atteindre à leur but, en ce qu'ils tendent principalement à renverser par la guerre les pouvoirs constitués, et que la guerre, qu'elle soit parlementaire ou militaire, n'est jamais qu'un fort mauvais moyen d'amélioration. D'ailleurs, plus on change de pouvoirs et souvent, moins ils sont bons, et c'est toujours le peuple qui en souffre.

Le parti républicain, aussi bien que les autres partis, entend peu de chose à l'organisation des sociétés et à l'avenir qui leur est destiné; ses doctrines s'appuient sur une foule de principes vagues fort mal définis et souvent très-faux ou très-superficiels. Sans doute les principes de liberté et de droits populaires sont bons en eux-mêmes; mais il ne suffit pas d'avoir seulement des principes, pas plus qu'il suffit d'avoir des pierres pour construire un édifice; il faut aussi connaître l'art de les mettre en œuvre, et les républicains l'ignorent complétement.

Parmi tous leurs principes, en ont-ils seulement un seul qui fournisse le moyen de rendre le travail attrayant et de porter la richesse sociale au quadruple produit? Premières conditions de toute amélioration populaire.

Il y a aujourd'hui un grand changement à opérer dans la société, notamment pour le bonheur du peuple: c'est de faire disparaître le salaire et de rétribuer les travailleurs en associés. Voilà une amélioration qui forcera bien, j'espère, les républicains à confesser leur impuissance.

Ils disent bien qu'il faut rendre le peuple heureux,

mais ils ne disent pas comment il faut faire, ou bien c'est toujours par des moyens de déplacement, ou par d'insignifians droits politiques. S'ils étaient au pouvoir, disent-ils, ils favoriseraient toutes les améliorations. Mais avant d'aspirer à la puissance, il faudrait encore qu'ils apprissent à discerner les *améliorations* des *détériorations*; c'est une étude qui leur reste à faire.

Ils veulent la liberté et les droits de l'homme. Certes ils ont raison, mais ils ignorent ce qui peut y conduire et en quoi ils consistent. Ils ne leur est pas plus raisonnable de les exiger du pouvoir que d'exiger qu'il leur reproduise les élémens de la couleur avec laquelle on peignait les vitraux de nos anciennes cathédrales.

Encore une fois, on peut très-bien améliorer le sort du peuple et le rendre libre sans le secours de la république, qui se prête au contraire fort peu aux améliorations populaires, tout en subalternisant les intérêts des possesseurs de propriétés, sans utilité même pour la vraie capacité, souvent victime des bavards et intrigans électoraux. D'ailleurs cette République n'est qu'une vieillerie sans avenir et que tout le monde redoute; on se souvient des fruits qu'a portés la dernière. Sans doute il serait ridicule de croire qu'ils veuillent ramener 93 en 1832, on sait bien que ce n'est pas leur pensée; mais la chose une fois engagée, rien ne leur répond qu'ils ne seraient pas emportés eux-mêmes par la force des événemens qu'ils ne sauraient plus maîtriser. Voyez les républicains de 89, leurs héros et leurs modèles, ils eurent sans doute de bonnes intentions.

Jusqu'à présent les républicains modernes n'ont été que de puissans désorganisateurs, mais rien de plus, et, pour témoignage éclatant de leur aveuglement, on a vu l'un des plus fameux, le célèbre Mirabeau, dans le but de narguer la noblesse, commettre orgueilleusement l'incroyable sottise de s'installer commerçant.

Si les républicains aiment sincèrement le peuple, le temps enfin est venu de le lui prouver d'une manière réelle, et il s'offre un moyen d'améliorer sa condition dont je les défie de nier l'fficacité.

LE PARTI LÉGITIMISTE.

Le parti légitimiste est toujours partisan des institutions féodales; néanmoins de tous les partis, c'est le plus sensé, mais ce n'est pas le plus désireux d'émanciper l'humanité.

Les hommes de la féodalité, aux jours de leur puissance, ne se sont guère montrés compatissans au sort des masses populaires. Cependant leur religion leur dit que tous les hommes sont frères; ils l'ont certainement oublié.

Ils ont manqué à leur devoir, et les masses populaires les ont repoussés. Si la France ne leur sourit plus, c'est parce que les premiers ils ont cessé de lui sourire.

Ils possédaient les grandes propriétés, et ils n'ont

pas senti qu'il fallait chercher à rendre riches et heureux ceux qui les faisaient valoir, afin d'être riches et heureux eux-mêmes.

C'est de leur faute si par trois fois ils furent renversés, et ils doivent premièrement s'en accuser. Il serait déloyal à eux, aujourd'hui, de vouloir encore s'imposer et régner de nouveau par la loi de la guerre; quelle que soit la bravoure qu'ils pourraient y déployer, ce serait toujours une lâcheté, et quiconque combat pour autre chose que pour la justice et la liberté, n'est qu'un meurtrier.

Leur Troye, où si long-temps ils ont régné en maîtres, est tombée dans la poussière sous les triples coups des Achilles populaires; il n'est plus possible de la relever; il en faut une nouvelle où les héros populaires puissent aussi demeurer, car ils le veulent, et ils ne cesseraient jusque là de détruire les chétifs abris sous lesquels on tenterait de s'établir en les laissant, eux, bivouaquer à la porte.

Mais les hommes de la légitimité sont inhabiles par eux-mêmes à donner le plan de la cité nouvelle, et si les républicains n'ont pas le génie des édifices sociaux, les féodaux ne l'ont plus.

Les hommes de la légitimité ont acquis la noblesse de l'épée; cette noblesse est celle du passé; il leur reste à acquérir celle des Beaux-Arts, de la Science et de l'Industrie. Cette noblesse est celle de l'avenir, et l'ordre sociétaire leur offre tous les moyens d'y parvenir, en ouvrant à leur ambition une nouvelle et glorieuse carrière.

LES JOURNALISTES.

La presse est une puissance, un quatrième pouvoir, comme on l'a dit; on ne saurait le contester, mais c'est une puissance dont l'action déréglée est devenue malfaisante.

La presse remplit fort mal son devoir aujourd'hui, surtout la presse parisienne. Ce n'est cependant pas la liberté de la presse en elle-même qu'il faut attaquer, puisque c'est l'ombre de garantie nécessaire à notre ombre de liberté, mais ce sont ses organes infidèles.

Les journalistes disent qu'ils sont les échos des partis et des intérêts de la société. C'est plutôt les partis qui sont les échos des journalistes qui les font s'entre-choquer. Et quant aux intérêts de la société, un des plus urgens est de suspecter les journalistes qui ont encore une trop grande influence sur elle.

Les journalistes sont presque tous des hommes de mauvaise foi. Ils écrivent presque tous avec des consciences qui ne leur appartiennent plus ou qui sont prêtes à se vendre, et il n'en est peut-être pas un d'entre eux que le pouvoir n'eût demain s'il voulait l'acheter. S'il ne le fait pas, c'est qu'il sait que bientôt il se trouverait d'autres acquisitions à faire. L'expérience de ces dernières années a donné la mesure de l'estime qu'on doit avoir pour eux, et a prouvé d'une manière assez scandaleuse qu'avec quelque argent comptant on les fait facilement changer de bannière. Ils ne sont que des suppôts de coteries, des fauteurs d'anarchie, des hâbleurs politiques qui égarent la société. Je ne sais même pas s'ils peuvent alléguer pour excuse qu'ils se trompent eux-mêmes.

Au lieu de s'occuper des intérêts essentiels de la société et de chercher à se rendre compte des causes de son malaise, ils ne font que nous étourdir par leurs déclamations et leurs vaines et insignifiantes discussions de métaphysique constitutionnelle, qui ne peuvent amener aucune amélioration réelle. Ils ne cessent d'entraver l'action des pouvoirs par leur guerre perpétuelle pour des vétilles et des menus détails d'administration qui ne valent pas la peine qu'on s'en occupe. Ils se perdent en raisonnemens et en conjectures sur des nouvelles controuvées ou sur des événemens qu'ils prévoient et qui le plus souvent ne se réalisent pas. Ils veulent régenter l'opinion, et ce sont eux qu'il faudrait régenter. Ils prétendent en remontrer à tout le monde, et la plupart du temps ils ne connaissent rien aux choses dont ils parlent : ils s'élèvent souvent avec véhémence contre les mesures les plus sages et font l'apologie de celles qui sont funestes. Ils déversent l'éloge ou le blâme avec une indécence qui n'a plus de bornes. Quiconque ne cherche pas à leur complaire est sûr d'être bientôt diffamé, et ils ne se font guère scrupule d'employer la calomnie.

Ils ne sont jamais contens d'aucun gouvernement. Comment se fait-il donc qu'après les avoir renversés, ils ne sachent pas en établir de meilleurs? Napoléon ne valait rien pour eux; Charles X était aussi un despote; enfin ils ont tant fait qu'ils ont eu Sa Majesté Louis-Philippe. Ils donnent à entendre maintenant (ceux qui ne sont pas achetés) que ce n'est qu'un roi éphémère sur lequel il n'y a presque plus qu'à souffler. On sait ce qu'il en a coûté au mois de juin dernier aux infortunés qui ont eu la simplicité de les croire. Il semble néanmoins que ce roi tienne encore à quelque chose, puisqu'il reste, quoi qu'ils fassent. Eh! que ne vont-ils donc, mettant leurs plumes à leurs chapeaux et leurs canifs à leur côtés, que ne vont-ils eux-mêmes l'assiéger pour le forcer au moins à capituler. Il paraît qu'ils aiment mieux convertir le peuple pour cette besogne, et quand il l'a exécutée, ils arrivent bravement pour en profiter; quand ils n'en profitent pas, il est facile de voir à leur humeur chagrine que ce n'était point encore là *leur* révolution.

On ne sait comment le pouvoir s'amuse à les tracasser par ses mesquines attaques judiciaires; il y aurait cependant un moyen bien simple de les faire tomber : ce serait d'ôter toutes les entraves de la presse; ils l'auraient bientôt conduite à la rivière.

Les journalistes disent pour la plupart qu'ils soutiennent les intérêts populaires. Voyons comment ils les soutiennent.

Depuis quelques années une société s'était formée qui, à force de courage et de persévérance, avait fin par faire parler d'elle et acquérir dans ces derniers temps quelque importance politique; je veux parler de la société saint-simonienne. Depuis 1830 surtout elle n'a cessé de les provoquer et de les appeler sur le terrain des intérêts matériels de la société. Elle leur a démontré d'une manière victorieuse que toutes les institutions du passé avaient fait leur temps; que leurs prétendus principes d'organisation n'avaient qu'une valeur désorganisatrice, et que leur gouvernement représentatif ou républicain n'était que la méfiance systématisée. Elle leur a signalé l'avenir des sociétés et leur tendance vers l'association. Elle voulait s'occuper de l'*amélioration du sort moral, intellectuel et physique de la classe la plus nombreuse et la plus pauvre*, et ramenait les questions sociales aux questions d'industrie et d'organisation des travailleurs, véritables questions fondamentales. Elle ajoutait à cela des idées religieuses, il est vrai, mais elle les entendait d'une façon nouvelle, et quelles que soient d'ailleurs ses erreurs, il y avait au moins quelque chose de bon dans ce qu'elle disait. Eh bien! ils n'ont pas daigné répondre à ses provocations; ils n'ont cherché qu'à l'étouffer par leur silence et par quelques plates moqueries.

En vain la presse départementale donna l'exemple du devoir en abordant les vraies questions sociales soulevées par le Saint-Simonisme. Ils n'ont même pas rendu compte de cette tendance de la presse départementale. Elle aussi leur fait peur, et ils veulent également l'étouffer. L'objet de leur sollicitude, c'est de viser au monopole des idées et des opinions; d'anéantir tous ceux qui pourraient les supplanter et les convaincre de nullité. Et puis ils craignent qu'un journal de province leur fasse perdre quelques abonnés. Ils veulent être les grands fournisseurs de moyens et de pensées, quoiqu'ils soient à cet égard d'une extrême pauvreté.

Si le Saint-Simonisme était rempli d'erreurs, ils devaient les réfuter afin d'en prémunir la société; s'il contenait d'utiles vérités, ils devaient les examiner et les propager consciencieusement; mais c'est par la conscience que pèchent les journalistes, car le journalisme, ce n'est rien autre chose que le mercantilisme des produits de la pensée.

Comment se fait-il donc qu'après avoir dédaigné le Saint-Simonisme ils empruntent aujourd'hui ses moyens en fait d'améliorations industrielles? Ils n'ont même pas la délicatesse de dire où ils les ont puisés : et cela dans un moment surtout où les hommes qui les ont proposés sont tombés dans un complet discrédit; ils ne s'aperçoivent même pas que l'application de ces moyens conduirait au but qu'ils condamnent.

Enfin depuis six mois, une nouvelle société se fonde : elle a pour but d'opérer la réforme industrielle et de créer un établissement-modèle de régime sociétaire, en opérant d'abord sur la classe prolétaire, dont il est si urgent d'améliorer le sort. Elle propose les moyens de changer les conditions d'alimentation, de vêtement, de logement et de travail de nos malheureux ouvriers; elle indique comment on peut éteindre la mendicité, et comment on peut introduire de grandes améliorations dans toutes les branches sociales, en favorisant tous les intérêts ; elle propose les moyens d'élever la richesse au quadruple produit, et donne ainsi la facilité de concilier les intérêts même les plus opposés, sachant bien qu'aujourd'hui c'est l'argent qui concilie tout. Elle a envoyé en juin dernier à tous les journaux son prospectus général. Toutes les semaines, elle leur adresse son journal, et depuis six mois ils n'en ont pas encore parlé, pas encore rendu compte à personne ouvertement et nettement, quoique néanmoins ils puisent dans ce journal quelques bonnes idées dont ils ont soin de dissimuler la source. La presse départementale leur donne encore l'exemple du devoir, et elle le leur donne en vain.

Qu'est-ce à dire enfin? Les journalistes osent-ils bien encore s'intituler les soutiens des intérêts populaires, les interprètes des intérêts et des besoins de la société? C'est une impudence qu'on ne saurait supporter. Je les soupçonne de vouloir secrètement prolonger les misères des classes pauvres, afin de les agiter à leur profit et de s'en faire un instrument, car eux non puls n'ont AUCUN MOYEN RÉEL d'améliorer la condition du peuple. En conséquence, je les accuse formellement de n'être que des agitateurs et des charlatans politiques. Voyons s'ils daigneront s'en disculper.

M. Fourier leur a donné un excellent conseil dont ils devraient profiter : c'est d'instituer parmi eux une chambre de discipline qui ait pour but de mettre un terme à leur dévergondage et à leurs prostitutions politiques.

S'ils ne veulent point pour eux du régime sociétaire qui leur est proposé, il était néanmoins de leur devoir de le faire connaître et de le protéger de leur influence, puisqu'on leur démontre qu'il favorise tous les intérêts de la société, et notamment l'intérêt des classes populaires.

LA CHAMBRE DES DÉPUTÉS.

Messieurs les Députés disent qu'ils sont les représentans de la France. Ils sont donc non-seulement les représentans de ceux qui les ont nommés, mais ils le sont aussi de ceux qui ne les ont pas nommés.

Sans s'arrêter à cette irrégularité, il faut néanmoins en tirer la conséquence qu'ils sont chargés de garantir tous les intérêts de la société, et de faire valoir, de soutenir tous les droits de différentes classes dont elle se compose. Ils ont donc pour devoir d'assurer à la France son bien-être, sa stabilité et un rang honorable parmi les nations européennes.

Telle est la tâche importante qui leur est imposée, et devant laquelle la position nouvelle où les événemens les ont placés, l'importance qu'ils leur ont donnée, leur fait un devoir impérieux de ne pas reculer.

Cette tâche est grande, il ne faut pas se le dissimuler. La société est engagée dans une fausse voie; il s'agit de l'en retirer, et il n'y a pas de temps à perdre. Ce ne sera certainement pas quelques lois de plus ajoutées aux quarante mille que nous avons déjà qui changeront rien au cours des choses et à notre aggravante position. Il faut à la France des améliorations radicales et profondes, et c'est par la base de la société qu'il faut commencer à opérer ; c'est par l'organisation du travail social.

Mais pour accomplir cette tâche, que peuvent les députés? Ils ne peuvent même pas sortir des idées étroites et mesquines où ils restent stationnaires : il faut cependant que toutes les améliorations à introduire en France soient faites en vue d'une grande pensée, il faut qu'elles soient profitables non-seulement à la France, mais il faut qu'elles le soient aussi aux nations étrangères, car les nations, de même que les hommes, sont, par le lien même de leur existence, inévitablement solidaires. Toute nation qui ne fait point participer les autres peuples à son bonheur ou à sa splendeur, leur est à charge et les excite naturellement à l'anéantir. L'antiquité nous atteste cette vérité : voyez Babylone, Memphis, Thèbes, Palmyre, Athènes, Carthage, Rome.

En toutes choses, la réaction est toujours égale à l'action. Voyez encore la révolution française : depuis trois cents ans de nouveaux besoins s'étaient fait sentir et s'étaient développés au sein du peuple français ; pendant trois cents ans la classe privilégiée s'était appliquée à les refouler, et continuait cependant à vivre dans la splendeur, tandis que le peuple vivait dans la misère. Enfin la révolution a éclaté, et vous savez si elle fut terrible. Voyez seulement la révolution de juillet.

Or aujourd'hi il n'y a rien de changé que les noms, car au fond la situation des masses populaires est toujours la même, seulement la bourgeoisie a remplacé l'ancienne noblesse.

Et maintenant quels moyens efficaces les Députés ont-ils par eux-mêmes pour introduire dans la société des améliorations fondamentales et pour opérer sa réorganisation? Sont-ils, par leur valeur personnelle, par leur savoir ou par les fonctions qu'ils remplissent, les hommes les plus compétens en matière sociale? Sont-ils les chefs et directeurs des travaux essentiels de la société? Nourrissent-ils et enrichissent-ils le corps social; l'éclairent-ils de leurs lumières et de leurs savantes découvertes? Sont-ce eux qui savent tout embellir des charmes de leur imagination, afin de passionner les hommes et de les diriger vers leurs destinées futures? Les connaissent-ils seulement? Ont-ils une règle certaine pour donner des lois aux hommes? Connaissent-ils la composition du corps social et les élémens de son activité? Assurément rien ne le prouve. Sont-ils assez forts, assez unis, assez puissans pour faire tête au danger qui peut survenir? Peuvent-ils seconder les autres peuples et favoriser leur émancipation pour que la France soit elle-même en sécurité? Il est très-permis d'en douter.

En voici une preuve : l'un d'eux a prononcé en présence de toute l'assemblée, et l'on sait à quelle occasion, cette abominable maxime : *Chacun chez soi*, *chacun son droit.* Si les Députés avaient eu le sentiment non-seulement de la dignité de la France, mais de leur propre dignité, ils auraient chassé du milieu d'eux cet homme dont le cœur doit être profondément et aveuglément égoïste; car, il faut encore le répéter, entre les nations comme entre les hommes, il y a une intime responsabilité.

Les députés ignorent-ils donc que les rois de l'Europe peuvent tourner contre la France elle-même cette honteuse maxime? car enfin la France trouble le repos de l'Europe incessamment. Or, est-ce l'Europe qui appartient à la France, ou la France qui appartient à l'Europe? Et l'Europe ne peut-elle pas se dire qu'elle a le droit de faire régner l'ordre chez elle?

L'égoïsme est naturel aux Nations comme il l'est aux hommes, mais il faut qu'il s'appuie sur un but utile pour qu'il ne les conduise pas à leur ruine. Ce serait par exemple un sublime égoïsme si la France, pour retirer le monde entier de la misère et de l'esclavage, se faisait reine du monde entier.

Mais revenons à des intérêts plus pressans.

De nombreuses populations sont dans la misère et dans le dénuement. L'heure est venue enfin de mettre un terme à leurs maux. Or, ici encore, quels moyens les députés ont-ils pour les faire cesser? et qu'ont-ils fait depuis la révolution de juillet pour le peuple, qui, sous prétexte que son existence était menacée, fut lancé au nom de la Charte sur le pavé de Paris, où il a exposé sa vie pour les Députés?

Qu'en est-il résulté pour le peuple? En est-il plus heureux aujourd'hui? Qu'avait-il besoin que les Députés allassent détruire l'hérédité de la Pairie? Est-ce le peuple qui l'a demandé? Ce sont les électeurs, dit-on, qui l'ont exigé. Pourquoi le peuple n'est-il pas électeur aussi? il n'aurait pas fait cette inutile demande. Les députés ne sont donc pas libres dans leurs déterminations; ils sont donc soumis aux électeurs, comme ces derniers le sont aux journalistes. De quelle utilité peut être au pauvre peuple l'abolition de l'hérédité de la pairie?

Les Députés n'ignorent pas cependant, mais il faut encore le rappeler à leur mémoire, que la condition des prolétaires est telle qu'ils manquent le plus souvent d'alimens, de vêtemens, de logemens, de travail, ou, quand ils peuvent s'en procurer, ils n'obtiennent jamais que des alimens grossiers ou des haillons et un travail rebutant qui les exténue sans pouvoir suffire à nourrir leurs femmes et leurs enfans. Ils n'ont quelquefois à choisir qu'entre la mort ignominieuse de l'échafaud ou des prisons, et la mort silencieuse de leurs ateliers et de leurs insalubres habitations. Si quelque calamité survient, ce sont eux surtout qui la supportent. Si le Commerce languit, on diminue leur salaire, déjà si insuffisant, ou bien on les renvoie impitoyablement. Si le Commerce prospère, le bénéfice leur échappe, et le commerçant spécule encore sur leur misère. Il semble qu'on les voie à regret végéter sur la terre. Enfin, pour comble d'infortune, la taxe des pauvres, qui, en Angleterre, est payée en argent, est payée en France à coups de baïonnettes!

Il est d'une impérieuse nécessité que les Députés de la France, soit par prudence ou par pitié, fassent cesser les misères des prolétaires, car ils doivent être las de les supporter, et rien ne peut plus répondre de leur longue patience. Il faut craindre le désespoir auquel on les abandonne. Ils ont dit qu'ils voulaient vivre en travaillant ou mourir en combattant, ils ne l'ont sans doute pas oublié.

Un moyen est offert d'apporter d'efficaces et de larges améliorations au triste sort du peuple par la fondation du régime sociétaire. Il est du devoir et de l'intérêt des Députés de favoriser cette fondation de toute leur puissance, et de suivre l'exemple que leur a déjà donné un de leur collègues, M. Baudet Dulary.

La fondation du régime sociétaire est aussi le moyen le plus certain de faire sortir la France de sa déplorable situation.

LA CHAMBRE DES PAIRS.

La révolution de juillet à détrôné la Pairie, et cependant depuis 1815 la Chambre des Pairs n'avait rien fait pour mériter cette disgrâce.

Il est vrai que les différens pouvoirs qui se succèdent lui font perdre de plus en plus sa haute considération dans l'opinion publique, en cherchant par le système des fournées à la faire servir d'instrument à leur maladroite politique. Il en résulte qu'aujourd'hui la Chambre des Pairs n'est plus qu'une puissance déchue. Elle n'est même plus en position de soutenir les intérêts de la grande propriété, qu'elle devrait représenter, et auxquels la révolution de juillet a porté une nouvelle atteinte.

Cependant la Chambre des Pairs est le seul corps de l'État qui dans ces temps de désastres ait le mieux rempli son devoir envers la France. Elle s'est opposée avec constance au retour vers le passé; elle s'est montrée protectrice des droits acquis et arbitre sincère entre des intérêts qui se faisaient la guerre. Par sa conduite mesurée elle a voulu préserver la France des désordres politiques vers lesquels elle était entraînée, et tous ses efforts n'ont pu les éviter. La France électorale, par ses représentans, n'a pas tenu compte de la sagesse de la Pairie; elle s'est montrée peu reconnaissante envers elle, et l'a traitée avec une extrême légèreté. On ne voit guère ce qu'y a gagné l'autre France.

Puisque tous les efforts de la Pairie n'ont pu suffire à maintenir l'ordre dans la société, c'est qu'il faut à la société des moyens plus efficaces qui ne soient cependant pas les moyens du passé. Si tout tombe autour de nous, les Pairs de France doivent comprendre que la société est arrivée à l'une de ces grandes époques de chute et de régénération. La chose n'est que trop évidente.

Notre édifice social, non-seulement trop petit pour loger la France, vient encore de perdre son avant-dernière colonne par la chute de la Pairie. Il ne reste plus qu'à faire disparaître la colonne de la royauté pour que l'édifice s'écroule entièrement sur nos têtes.

Il est de la gloire et de l'intérêt des Pairs de France de travailler à construire un nouvel édifice social ; et puisqu'il n'ont point de plan nouveau à présenter, il est de leur devoir d'examiner celui proposé par M. Fourier, et d'en favoriser l'exécution.

LE ROI.

Le Roi ne peut douter que la France soit en danger. La politique qu'il suit depuis qu'il est sur le trône quant aux affaires extérieures, est non-seulement peu sage, mais elle est fausse et imprudente, puisqu'elle n'amène aucune solution et qu'elle rend l'avenir de plus en plus inquiétant, en préparant un choc violent. Le Roi est fort mal conseillé.

A l'intérieur les partis le menacent, et pour avoir été vaincus, ils sont loin d'être anéantis, car leurs intérêts sont toujours vivans. S'il y avait parmi eux un homme vraiment capable, la situation pourrait devenir pour le Roi très-inquiétante.

Sa politique à l'intérieur est aussi fort inhabile, en ce qu'il se fait uniquement l'appui du parti mercantile, dont les intérêts sont directement opposés à ceux des autres classes de la société. Il semble qu'il n'y ait plus d'autre nation pour le Roi que la garde nationale, qui se compose, surtout à Paris, de la masse des boutiquiers et de tout le rouage parasite de la société.

Ce corps armé forme aujourd'hui une espèce de janissariat politique et mercantile susceptible de détrôner tantôt le peuple et tantôt le Roi. Ce corps est beaucoup plus dangereux pour le Roi qu'il ne le pense, et il l'abandonnerait ou le déposerait très-vite s'il y trouvait son profit et que sa déchéance pût faire aller le Commerce, car le Commerce subordonne tout à ses intérêts. Sans les intérêts du Commerce, la Belgique appartiendrait peut-être à la France à présent. S'il venait une guerre ou des troubles un peu sérieux, je crois qu'il n'y aurait pas lieu de conseiller au Roi de faire fonds sur le corps mercantile. D'ailleurs il n'est point fait ni destiné pour la guerre, puisqu'il est destiné seulement à réprimer les troubles populaires.

Sans doute il faut maintenir l'ordre; mais lorsque ce corps armé revient triomphalement de repousser le peuple que la misère ameute sur la place publique, voyez s'il réclame pour lui la moindre amélioration, voyez s'il fait pour lui la moindre pétition! C'est là une conduite fort peu honorable.

Les circonstances où nous sommes sont très-difficiles et très-grandes en même temps. A en juger par les résultats, tout montre que la nature n'a point destiné le Roi pour elles. Il serait injuste de l'accuser des maux qu'il n'a pas les moyens d'empêcher et qu'il déplore peut-être lui-même; mais il ne faut pas qu'il se fasse illusion, et il doit prêter une sérieuse attention aux moyens de salut qui lui sont offerts. Il doit sentir le besoin de quelque auxiliaire pour faire sortir le vaisseau de l'État du bas-fonds où il l'a engagé.

Le vaisseau de l'État est sorti d'un port où les passagers ne peuvent plus rentrer. Il est sur une plage où il court de grands risques, et le Roi n'ose la quitter: cependant c'est sur les rivages que sont les grands dangers. Il est facile de sentir que depuis longtemps déjà la quille traîne sur le sable, et il est à craindre qu'une bourrasque ne le fasse sombrer. Il est temps de mettre au large; il est enfin une boussole qui peut nous guider.

Le Roi devrait se défier des bavards et des idéologues : ce sont gens fort dangereux pour les rois. Il sait quel cas l'Empereur en faisait; or il y a toujours de salutaires avertissemens dans les antipathies ou les sympathies d'un grand homme. Dira-t-on que l'Empereur est tombé pour n'avoir point écouté les idéologues? Ah! sans doute il est tombé, malheureusement pour nous; mais s'il les avait écoutés il serait tombé quinze ans plus tôt, et peut-être aujourd'hui serions-nous quelque province anglaise ou russe ou prussienne : ce qui pourrait encore très-bien nous arriver, si l'on ne trouvait pas le moyen de réorganiser les sociétés européennes.

Un moyen bien inattendu s'offre au Roi pour atteindre ce grand but : c'est de se faire fondateur en Europe du régime sociétaire, dont le résultat le plus immédiat sera de détourner les partis et les gouvernemens des questions politiques si dangereuses aujourd'hui, et de les amener tous sur le terrain des intérêts matériels et moraux des peuples. Ce sont là des questions qui ne peuvent se résoudre par la guerre,

Ainsi on évitera entre eux de sanglantes collisions.

Le premier avantage du régime sociétaire est de quadrupler le produit, par conséquent la richesse des Nations. Or c'est là un puissant moyen d'amélioration, et dès que les populations pourront arriver graduellement à l'aisance et à la liberté tout en favorisant beaucoup les intérêts des possesseurs des grandes propriétés, et celui des gouvernemens et des rois, il est certain que la guerre tombera dans un complet discrédit et que toutes les causes de troubles disparaîtront rapidement : car c'est toujours par le besoin d'exercer son activité, et surtout dans le but d'améliorer sa condition, que le peuple se bat. Quand la paix sera profitable aux classes populaires et aux classes élevées en opérant leur bien-être commun, on les verra inaccessibles à la guerre. D'ailleurs les souverains n'y sont pas intéressés eux-mêmes, car ils y ont plus à perdre que personne, et l'on voit que souvent ils s'y décident avec beaucoup de peine.

Nous insistons souvent sur le quadruple produit, quelque prosaïque ou quelque peu philosophique qu'il puisse paraître, parce que c'est un résultat positif s'il en fut jamais, et qui peut très-bien nous indemniser des superbes raisonnemens de métaphysique constitutionnelle qu'on nous débite à l'ombre du gouvernement parlementaire.

La fondation du régime sociétaire est directement dans les intérêts du Roi, non-seulement à titre de roi, mais à titre de grand propriétaire; mais surtout à titre de roi, car les rois de l'Europe paraissent se disposer à se liguer contre lui et contre la coterie libérale. S'il y avait en Prusse ou en Russie quelque prince un peu remuant et quelque peu ambitieux, il pourrait faire en Europe un beau tapage.

Quand bien même le régime sociétaire ne serait pas dans les intérêts du Roi, il est éminemment favorable aux intérêts du peuple. Cela doit lui suffire largement, et c'est toujours un devoir pour lui de se placer en tête de la liste des actionnaires.

LA FRANCE.

Un magnifique avenir pour la France est découvert au moment le plus désespéré, et il dépend d'elle d'en ouvrir les portes à toute l'Humanité. Les Français vont, sans doute, selon leur ridicule habitude, s'écrier premièrement que c'est chose impossible, cela ne s'étant jamais vu. Cependant, il faut le leur dire, rien n'est impossible pour l'Humanité de ce qu'il lui est donné de désirer.

La France est en pleine décadence sociale, et dans une anarchie qui peut devenir sanglante à chaque instant. Elle n'a plus d'institutions. Elle n'a qu'un dédale de lois inextricable; sa Charte n'est qu'une garantie illusoire, une vaine fiction; elle est toujours sous le régime de l'arbitraire. Elle est incessamment guidée par une foule d'hommes de coteries philosophiques et politiques, hommes fort aveugles, qui ne savent la conduire que de déchiremens en déchiremens.

Tous ces faits sont si réels qu'il serait superflu de s'y arrêter plus longuement.

Les Français, depuis un demi-siècle, ont jeté deux fois le gant à l'Europe féodale : l'Europe féodale l'a deux fois ramassé. La première fois, après bien des vicissitudes, et lorsque leurs infructueuses conquêtes les eurent fort affaiblis, elle les a terrassés, et elle s'est montrée envers eux assez indulgente. Croient-ils que la seconde fois elle aura moins de chances de succès et qu'elle montrera la même tolérance pour leurs chimériques constitutions? Croient-ils que l'Europe n'ait pas le droit enfin de leur demander raison d'avoir troublé par deux fois son sommeil, et cela pour le seul plaisir de le troubler ? car quelle bonne nouvelle avaient-ils à lui annoncer? Est-ce au nom de la liberté qu'ils l'ont parcourue? Non: c'est encore au nom de l'autorité, et de l'autorité la plus absolue.

Dans ces derniers temps, lorsqu'ils faisaient leurs délices d'une Charte qu'on leur avait octroyée, ils ont eu l'infamie d'en aller arracher une à un peuple qui se l'était donnée et qui avait déjà tant à se plaindre d'eux.

Enfin un autre peuple qui avait contribué à tous leurs triomphes, qui avait toujours mêlé son sang au leur sur tant de champs de bataille, et qui n'en a jamais été récompensé, s'était soulevé à leur exemple, autant pour les protéger que pour s'arracher au plus affreux esclavage; ce peuple réclame en vain leur appui; ils le laissent lâchement assassiner, et si quelques débris de cette courageuse nation vient chez eux se réfugier, ils ne savent encore lui donner qu'une indigne hospitalité.

Ah! les Français ne sont qu'un peuple ingrat, un peuple dégénéré, un peuple de philosophes auquel il n'est pas possible de se fier; mais déjà ils portent la peine de leur ingratitude, le châtiment a commencé, car la nation française, la plus vaniteuse de toutes les nations, est aujourd'hui la plus bafouée.

Les Français ont de grands devoirs à remplir envers l'Europe entière, de grandes fautes à réparer. Ils l'ont ébranlée profondément, il leur reste à lui prouver que ce n'était point pour se jouer d'elle et pour faire seulement du tapage et des embarras. Ils veulent faire chez eux tout ce qui leur plaît, être libres enfin; certes ils en ont le droit. Mais qu'ils sachent bien qu'ils ne peuvent travailler efficacement à leur liberté qu'à la condition de travailler en même temps à la liberté des autres peuples. Une nation, il faut encore le redire, qui voudrait jouir seule du privilége commun à toutes les nations, n'aurait par cela même aucune condition de durée, ni aucun droit au respect et à la considération.

Les Français doivent à l'Europe de fonder le plus promptement possible l'ordre sociétaire, qui fait arriver sans déchiremens, et du consentement même des souverains, les peuples à la liberté. Ce nouvel ordre est le seul moyen d'assurer la paix et le bonheur des nations auxquelles ils ont communiqué leur fièvre révolutionnaire. C'est le seul moyen de réparer les maux qu'ils ont occasionés et faire oublier tant de sang versé inutilement. Il y va d'ailleurs de leur propre sécurité comme nation politique; il y va de leur illustration; il y va de leur prépondérance humanitaire. Il y a bien là, sans doute, de quoi flatter la plus exigeante des ambitions.

Si l'ordre sociétaire avait été fondé il y a seulement cinq ans, nous n'aurions pas à déplorer aujourd'hui la révolution de juillet et les malheurs qu'elle a entraînés à sa suite.

Il y a en Europe quatre mille grands propriétaires chacun assez riche pour fonder seul le premier noyau du régime sociétaire et poser ainsi la première pierre de l'édifice humanitaire. Si un étranger devançait les Français dans cet acte à jamais glorieux, ce serait pour eux, qui aiment tant la raillerie, une honte ineffaçable qui leur vaudrait dans l'avenir le nom de Midas de l'Humanité.

Heureusement il se trouve déjà en France parmi les classes riches quelques ames assez larges, quelques intelligences assez élevées, quelques hommes d'une ambition assez noble pour se faire fondateurs de l'ordre sociétaire et pour assurer à la France une gloire immortelle. Mais encore une fois il serait plus digne de la France de faire de cette fondation une entreprise vraiment nationale.

Quant à nous, nous avons fait tous nos efforts pour éveiller l'attention de la France sur l'importante découverte de la BOUSSOLE SOCIALE qui va orienter l'Humanité vers ses hautes destinées.

Nous terminerons cet écrit, que nous avons adressé aux hommes sincères de tous les partis, en déclarant de nouveau aux Français qu'ils sont au fond d'un abîme effroyable : une main puissante peut seule les en retirer.

Cette main puissante est parmi eux; nous la leur signalons en la personne de CHARLES FOURIER, et nous ne craignons pas d'affirmer hardiment que, quelles que soient les inconstances de la Fortune envers eux, et dussent-ils, comme nation politique, être anéantis par les adversités de la guerre, cet homme seul suffirait pour assurer à jamais au nom français un rang illustre parmi les nations Qu'ils cessent donc enfin de le méconnaître.

Oui, nous le redisons hautement, et de toute la force de notre voix : c'est le GÉNIE LE PLUS CAPITAL QUI SOIT JAMAIS APPARU DANS L'HUMANITÉ.

FIN.

www.ingramcontent.com/pod-product-compliance
Ingram Content Group UK Ltd.
Pitfield, Milton Keynes, MK11 3LW, UK
UKHW012203240726
13966UKWH00002B/557

9 782011 755346